_____ 님께

늘 배려해주셔서 감사합니다.

_____ 드림

배려

배려

마음을 움직이는 힘

한상복 지음

위즈덤하우스

마음을 움직이는 힘 배려

초판 1쇄 발행 2006년 1월 10일   초판 86쇄 발행 2012년 1월 27일

지은이 한상복 펴낸이 연준혁

스토리텔링 디렉터 박현찬

출판 2분사 분사장 이부연
편집장 김연숙
제작 이재승

펴낸곳 (주)위즈덤하우스 출판등록 2000년 5월 23일 제13-1071호
주소 (410-380) 경기도 고양시 일산동구 장항동 846번지 센트럴프라자 6층
전화 (031)936-4000 팩스 (031)903-3891 홈페이지 www.wisdomhouse.co.kr
출력 엔터 종이 화인페이퍼 인쇄 (주)현문 제본 광성문화사

ⓒ한상복, 2006
ISBN 89-89313-69-4 03320

차례

11층

위는 하루 종일 공중을 둥둥 떠다니는 기분이었다. 주변 사람들 모두가 눈치챈 듯했다. 아니, 그렇게 보였다. 복도에서 마주친 선배들은 위의 어깨를 툭 치며 싱긋 웃었고, 후배들은 경탄과 존경의 눈으로 그를 바라보았다.

'그럴 만도 하지. 회사 창립 이래 처음 있는 일이니까.'

그는 어깨를 으쓱하며 생각했다. 항상 무대 중앙에 서 있다고 느껴왔지만, 이번처럼 비중이 높은 주연을 맡아본 적은 없었다.

위는 아침 회의가 끝난 직후 언질을 받았다. 실장이 자리에서 일어서려는 그에게 손짓을 했다. 그리고 다른 직원들이 회의실을 빠져나가기를 기다렸다가 문을 닫고 다가와 작은 목소리로 속삭였다. 위는 믿을 수가 없었다. 이제 겨우 서른넷. 그럴 리가 없었다. 실장이 악수를 청하며 말했다.

"축하해, 위 차장."

실장이 실없이 장난을 치는 것 같지는 않았다. 위는 자신이 최연소 차장 승진 기록을 경신했음을 깨달았다. 내내 일손이 잡히지 않았다. 수시로 게시판에 접속해 인사발령 발표를 확인했다. 인사발령은 오후 5시 정각에 발표되는 것이 통례였다. 하지만 위는 1분이라도 빨리 자신의 승진을 눈으로 확인하고 싶었다.

4시 55분. 게시판에 접속하자 '승진 인사발령'이라는 제목이 눈에 들어왔다. 위는 지체없이 마우스 버튼을 눌렀다. 모니터에 명단이 나타났다. '차장 승진' 항목에서 자신의 이름을 찾아냈다. 정말 차장으로 승진한 것이었다.

'입사 7년 만에 차장으로 승진한 사람 있으면 나와 보라고 그래!'

그 외침이 입 밖으로 튀어나온 것 같았다. 그는 화들짝 놀라 주변을 둘러보았다. 기획실 사람들은 제각각 분주하게 일을 하고 있었다.

'그런데 왜 발령부서 항목이 비어 있을까?'

의아해 하며 '새로고침' 버튼을 눌렀다. 그때 갑자기 화면이 먹통으로 변했다.

배려

5시 정각. 위는 인사발령 화면에서 자신의 이름을 다시 발견했다. 그러나 그 뒤에 붙은 발령부서를 확인하는 순간, 얼음처럼 굳어버렸다.

'프로젝트 1팀 차장.'

그는 얼이 빠진 듯 그 여덟 글자를 멍하니 바라보았다. 모니터 화면 오른쪽 하단에 메시지들이 뜨기 시작했다. 다른 부서 동료들의 축하 메시지였다.

위는 게시판에서 나왔다가 다시 들어갔다. 변한 것은 없었다. '프로젝트 1팀 차장.'

축하 메시지들은 마치 항복을 요구하는 것처럼 이어졌다. '뭘 축하한단 말인가. 알지도 못하면서.' 그는 컴퓨터 전원을 꺼버렸다. 그리고 자리에서 일어났다. 기획실 후배들이 웃으며 위에게 다가왔다. 위는 후배들을 제치고 실장 빙으로 들어갔다.

"난 몰랐어. 차장으로 승진시킨다는 얘기만 들었을 뿐이야. 나도 지금 발표 보고 이상해서 인사팀에 확인해봤는데 프로젝트 1팀 발령이 맞다는군. 자네가 낸 1팀 관련 보고서에 대해서는 아직 결정된 게 없어. 그러니까 실망하지 말게."

실장은 정말로 내막을 모르는 것 같았다. 실장의 변명이 위로로 바뀌는 데는 그리 오랜 시간이 걸리지 않았다.

'도대체 왜?'

위는 '저녁이나 같이 먹자'는 실장의 권유를 뿌리치고 사무실 밖으로 빠져나왔다. 뒤에서 기획실 후배들의 수군대는 소리가 들려왔다.

엘리베이터 문이 열렸다. 그는 엘리베이터를 타며 한숨을 길게 내쉬었다. 핸드폰 벨이 울렸다. 전화번호를 보니 아내였다.

"여보세요."

"여보세요? 여보세요?"

"엘리베이터 안이야."

위는 가라앉은 목소리로 말했다.

"여보세요? 여보세요?"

그녀의 뾰족한 목소리가 신경질적으로 들렸다.

"나야. 내 짐 정리해서 보내줘."

그녀는 어쨌든 그가 듣고 있다고 생각하는 모양이었다. 엘리베이터 문이 열리자, 그는 로비로 한걸음 내딛으며 대답했다.

"바쁘니까 직접 와서 챙겨 가."

위는 전화를 끊고 회전문을 밀어 밖으로 나섰다. 어두워진 거리. 안개비가 부옇게 날리고 있었다. 우산을 준비하지 못한 사람들이 종종걸음으로 각자의 길을 가고 있었다. 비가 그치고 나면 모진 겨울바람이 불어올 터였다. 사람들이 내뿜는 입김은 다가오는 추위에 대한 마지막 저항 같았다.

배려

맞은편 책상에 놓인 전화벨이 끊임없이 울렸다. 위는 짜증이 났다. 업무도 모르는데 대신 받아줄 수도 없는 노릇이고 그러고 싶지도 않았다. 전화를 무시하자 통화하던 직원이 달려와서 받았다. 그 직원의 눈길이 고울 리 없었다.

'도대체 뭐가 잘못된 것일까?'

위는 프로젝트 1팀으로 자리를 옮긴 후 그 생각에만 빠져 있었다.

회사생활은 칭찬과 박수의 연속이었다. 입사 면접시험을 보았을 때, 임원들은 연신 고개를 끄덕였다. 그의 명석하고 조리 있는 답변이 수석합격이라는 결과를 가져왔고, 위는 자연스럽게 기획실에 배치되었다.

기획실에서도 마찬가지였다. 위는 모든 일을 대충대충 하는 법이 없었다. 그는 각 부서에서 올라온 기획안들을 면밀하게 검토했을 뿐만 아니라 논리적 허점을 잡아내어 회사가 입을지도 모를 손실 기회조차도 미리 막았다. 고속 승진은 위의 이 같은 발군의 실력을 입증해주었다.

그런 자신을 프로젝트 1팀으로 발령내다니…. 있을 수 없는 일이었다. 2팀이라면 그나마 이해할 수 있다. '왜 하필이면 케

케묵은 1팀이란 말인가.'

　회의실에서 너털웃음 소리가 들려왔다. 위는 시선을 돌려 웃음소리의 주인을 찾아냈다.

　'그래, 맞다! 저 인간, 공자왈이 인사에 관여한 게 틀림없어. 그동안 나한테 당한 걸 복수하려고….'

　프로젝트 1팀장은 손님과 이야기하면서 뭐가 그리도 즐거운지 한참동안 웃고 있다. 공자왈은 사람 좋아 보이는 웃음을 주특기로 활용하고 있었다. 하지만 위가 보기에 그 웃음은 무능력을 감추려는 가면에 불과했다.

　'자기 밑으로 불러들여서 못살게 굴겠다 이거지? 흥! 그렇게는 안 될 걸?'

　위는 공자왈의 모습을 보면서 주먹을 쥐었다. 그런데 다시 생각해보니 그것도 아닌 것 같았다. 공자왈이 제 아무리 뻔뻔하다지만 기획실 과장을 자기 밑으로 달라고 요구했을 리는 없다. 실적에 먹고사는 현업부서에서 평소 껄끄러운 관계인 기획실 출신을 영입해 득이 될 것도 없기 때문이다. 그러므로 공자왈이 인사에 개입해 자신을 1팀으로 끌어들였다는 것은 어불성설이었다.

　그때 불현듯 뇌리를 스치는 말이 있었다.

　'세상은 원래부터 불공평한 거야. 진짜 능력 있는 사람은 결국에는 찬밥 신세고, 능력도 없으면서 눈치만 잘 보는 약삭빠른

배려

인간이 성공하는 거지.'

　실제로 지난 7년간 그의 주변에서 일어난 일들을 떠올려보니 얼추 맞아떨어졌다. 유능한 선배들은 조직에서 버티지 못하고 짐을 꾸렸다. 항상 살아남은 쪽은 별 볼일 없는 사람들이었다.

　'아니야.'

　다른 사람들로부터 숱하게 들은 푸념을 이제 위 자신이 하고 있었다. 동료들이 그런 소리를 할 때마다 공박하던 사람이 바로 위였다. 그런데 이제 그가 똑같은 푸념을 하고 있는 것이다. 그는 고개를 강하게 저었다. 혼란스럽기만 했다.

　현관문을 열자, 적막이 하루 종일 주인을 기다린 강아지처럼 그에게 달려들었다. 위는 불을 켰다. 뭔가 달라진 것이 있었다. 그는 안방 문을 열어젖혔다. 형광등이 켜지자 반쪽짜리 방안이 드러났다. 다시 거실로 뛰어나왔다. 그의 눈길이 닿는 곳마다 변화가 지나간 흔적이 남아 있었다.

　그는 버티지 못하고 털썩 주저앉았다. 한참동안 그렇게 앉아 있다가 일어서서 전등을 껐다. 더 이상 거실을 둘러보는 것이 두려웠다.

　"위 차장님, 혹시 11층에서 연락받으셨어요?"

"아니. 그런데 11층이라고?"

"네, 아까 제가 전화를 받았는데요. 안 계신다고 했더니 다시 연락하겠다고 하던데요."

"11층에서 왜? 11층은 서버실 아닌가?"

"아뇨, 그 옆 고문실에서요. 저, 이런 말씀 드리기 좀 그런데요…."

"괜찮아. 얘기해봐. 난 고문실이 있다는 얘기도 금시초문인데. 거기서 물고문이나 전기고문도 하나?"

위는 짐짓 여유를 부리며 농담을 걸어보았다.

"현업부서에서는 그분을 '인도자'라고 불러요. 그분 옛날에는 전무였대요. 그런데 그 양반 만나고 오는 사람들은 좀 이상해진대요. 그러다가 대부분은 얼마 못 버티고 자진 퇴사하거든요. 그래서 '인도자'라고 부르더라고요. 회사 밖으로 인도한다고 해서요."

"그래? 그럼 꼭 만나봐야겠네."

말은 그렇게 했지만 가슴속에는 커다란 바위가 내려앉는 듯했다.

'이거였구나. 회사에서 나가라는 얘기구나.'

다시 전화벨이 울리더니 누군가가 말했다.

"위 차장님, 11층으로 오시라는데요."

배려

1부

행복의 조건

사람에 대한 작은 예의

비상계단은 어두웠다. 위는 난간을 잡고 한걸음씩 계단을 오르기 시작했다. 11층에 있는 '인도자'라는 사람은 대체 누굴까?

기획실에 근무하면서 모든 임원을 만나보았지만, 유독 고문 한 사람만은 얼굴도 본 적이 없었다. 처음에는 궁금하기도 했다. 하지만 고문이라는 사람은 회사일에 관여한 적이 없었고, 특별히 만날 이유도 생기지 않았다. 그래서인지 고문이라는 존재는 그의 머릿속에서 지워진 지 오래였다.

계단이 끝났다. 비상구 문을 밀어젖히자 왼편으로 서버실이 보였다. 서버실 이외의 다른 방은 없었다. 그런데 11층의 복도

가 다른 층에 비해 짧아 보였다. 복도 끝에 유리문이 보였다. 그
는 성큼 다가가 문을 열었다.

전혀 낯선 세계가 눈앞에 펼쳐졌다. 그곳은 유리 천정을 씌운
작은 정원이었다. 잘 다듬어진 분재들이 바닥에 깔린 인조 잔디
와 어우러져 조화를 이루고 있었다.

벤치가 보였다. 위는 무엇인가에 홀린 듯 벤치로 다가가 털썩
주저앉았다.

"지금까지 살면서 뼈저리게 후회하는 게 딱 두 가지야. 그게
뭔지 알아? 첫 번째는 당신 같은 사람을 만난 거고, 두 번째는 당
신 같은 사람이랑 결혼한 거야. 당신 마음속에는 당신 혼자밖에
없잖아."

두 달 전, 아내는 가방을 꾸리면서 말했다. 담담한 어조였다.
놀랍게도 딸아이는 울지 않았다. 그의 마지막 기대마저 무너지
는 순간이었다. 아이가 울면서 자신에게 매달릴 줄 알았던 것이
다. 아이는 엄마 손을 잡고 집을 나섰다. 둘은 약속이나 한 것처
럼 뒤도 돌아보지 않았다.

"좋은 자리에 있으면 우리 입장도 헤아려줘야 하는 거 아냐? 어
떻게 네 생각만 하냐? 우리는 바보라서 이렇게 사는 줄 알아? 세
상일이 네가 말하는 것처럼 두부 자르듯 되면 얼마나 좋겠어. 어

배려

쩌면 그렇게 피도 눈물도 없냐? 너 같은 냉혈동물은 처음 봤다."

동기모임에 나갔을 때 한 입사동기가 그렇게 몰아붙였다. 아무도 위를 편드는 사람은 없었다.

'왜 이렇게 되어버린 것일까.'

그는 일어서서 철제 난간으로 다가갔다. 교차로를 빼곡히 메우고 있는 차량 행렬이 내려다보였다. 신호가 바뀌자 직진 차선의 자동차들이 일제히 경적을 울렸다. 좌회전 신호를 받았던 차들이 보행신호에 걸리면서 차량 통행을 가로막은 것이다. 시끄러운 경적소리가 이어지는 가운데 성질 급한 몇몇 사람들이 차에서 내려 고함을 질렀다.

모퉁이 앞에서 택시가 서더니 승객이 내렸다. 승객이 거스름돈을 받는 데 시간이 걸리는지 택시는 신호가 다 바뀌도록 그 자리를 떠날 기미가 없었다. 따라오던 버스들이 신경질적으로 경적을 울렸다. 사거리는 이내 아수라장이 되었다.

위는 난간에 두 팔꿈치를 올린 채 그 광경을 한동안 지켜보았다.

"저걸 보면서 자네는 뭘 느끼나?"

위는 흠칫 놀라 반사적으로 고개를 돌렸다. 머리가 하얗게 센 노인이 어느새 다가와 있었다. 노인은 온화한 미소를 지었다. 저 미소, 저런 표정을 어디선가 본 듯한 느낌이 불현듯 들었다.

위는 꾸벅 인사를 했다.

"그래, 반갑네. 자네 얘기는 많이 들었어."

"아, 네."

위는 할 말이 없었다. 노인의 의도를 전혀 짐작할 수 없었다.

"자네는 저 소란을 보면서 뭘 느끼나?"

"신호체계가 잘못된 것 아닌가요? 교통경찰이라도 나와 있어야 하는데, 저러니까 항상 막히는 것 아닙니까."

"신호 잘못이라고? 신호에게 죄를 물어야 한다?"

"아뇨, 시스템이 잘못되었다는 거죠. 교통량에 맞춰서 신호를 줘야죠."

"글쎄, 내가 보기에는 저렇게 고개를 들이민 사람들이 더 큰 문제 같은데. 자기만 가겠다고 저러니까 결국 모두가 피해를 입잖아. 저 택시 승객 좀 봐. 뒤따라오는 차들이 난리인데 그런 건 자기가 알 바 아니라는 거지. 모퉁이를 돌아서 조금 가다가 내려도 될 텐데, 기어이 저기서 내리면서 다른 사람들에게 피해를 주잖아. 저 사람들도 자네와 같은 생각을 갖고 있을지 모르지."

"무슨 말씀이신지…?"

"간단한 얘기야. 자기가 잘못해서 남들한테 피해를 입히고, 결국에는 전체가 엉망이 되었는데도 엉뚱한 데로 화살을 돌린다는 거지. 자기 잘못 때문에 패배자가 되었는데도 그 결과에 승

배려

복할 줄 모르잖아. 오히려 피해자라고 주장해. 요즘 세상은 그런 피해자들로 가득 차 있지."

위의 표정이 일그러졌다. 단정할 수는 없지만, 어쩐지 자신을 빗대어 말하고 있는 것 같았다.

"고문님, 저한테 시키실 일이라도 있습니까?"

화제를 돌리고 싶었다. 사무적으로 말하려고 노력했으나 어쩔 수 없이 퉁명스러운 말이 나갔다. 인도자는 빙그레 웃으면서 그를 물끄러미 바라보았다. 그러다가 또 엉뚱한 질문을 했다.

"자네, 아스퍼거 신드롬이란 말을 들어봤나?"

"…글쎄요."

"남에 대해 전혀 이해하지 못하는 일종의 장애를 뜻하는 말이라네. 이런 장애를 가진 사람들은 자기 세계 속에만 갇혀 있지."

"자폐와 다른가요? 그리고 사람들은 누구나 이기적인 것 아닙니까?"

"아스퍼거는 자폐와 달라. 자네 「레인맨」이라는 영화 본 적 있나? 더스틴 호프만이 비상한 머리를 가진 자폐 장애인으로 나오지. 최근 학자들은 그런 범주를 자폐가 아니라 아스퍼거로 분류했다네. 물리학자 뉴턴도 괴팍한 행적을 분석해보니 아스퍼거에 가깝다는 연구가 있었지. 아스퍼거는 이기적인 성격과도 달라. 이기적인 사람들은 남의 입장을 알면서도 자기 욕심 때문에 이기적인 행동을 하지만 아스퍼거는 아예 남의 입장을 이해하지 못하거든."

위는 그 말을 듣자 또 기분이 상했다. 자신이 모욕당하고 있다는 생각이 들었다.

"고문님, 혹시 제가 그 아스퍼거라고 말씀하시는 건가요?"

인도자가 그의 어깨를 툭툭 치더니 말했다.

"꼭 자네가 그렇다는 건 아냐. 요즘 사람들에게 그런 경향이 있다는 거지. 어딜 가나 그런 사람들로 넘쳐나잖아. 식당에서는 아이들이 소란스럽게 뛰어다니고, 부모들은 그런 애들을 방관하고, 지하철 안에서는 큰소리로 전화통화를 하고, 교통 정체구간에서는 마구 끼어들고…. 도무지 남에 대한 생각이라곤 손톱만큼도 없어. 남에게 폐를 끼치는 데 조금의 주저함도 없는 사람들을 보라고. 그러다가 자기 성질에 겨워 분노하고 폭발하고 좌절하지."

인도자는 잠시 숨을 고르고 말을 이었다.

"신경정신과 의사 친구랑 그런 얘기를 하다가 '사스퍼거'라는 개념을 만들어냈다네. 소셜 아스퍼거(Social Asperger), 다시 말해 '사회적 아스퍼거'라는 뜻이지. 아스퍼거는 대개 괴팍스럽기는 해도 남들에게 피해를 주는 일이 많지 않아. 그렇지만 사스퍼거는 자신에게 한없이 관대하고 남들에게는 무자비하

배려

지. 이기적인 범주를 넘어 남에 대한 최소한의 예의조차 없어. 문제는 그래서 결국 자신을 망치게 된다는 거야. 그 둘을 같은 선상에 놓고 비교하는 것은 아스퍼거에 대한 모독이라고 할 수 있지."

위가 반박했다.

"애들이 식당에서 뛰어놀 수도 있는 것 아닙니까? 그리고 지하철에서 떠들거나 새치기를 하는 건 에티켓 문제죠. 사람들이 잘 몰라서 실수하는 걸 가지고 이상한 장애로 매도하는 건 심한 것 아닙니까?"

갑자기 인도자의 얼굴이 싹 바뀌었다. 세월의 흔적이 가득한 얼굴에는 안타깝다는 표정이 역력했다. 인도자가 낮은 목소리로 말했다.

"그건 실수도 아니고, 몰라서도 아니야. 그런 사람들은 남의 약점을 집요하게 찾아내 공격하지. 상대방이 싫어하는 걸 알면서도 멈추지 않아. 공격하는 사람에겐 사소한 일일지도 몰라. 그렇지만 그렇게 사소한 게 바로 생활이고, 그걸 모은 게 인생이야. 아무것도 아닌 것들이 모여 인생의 물줄기를 이루게 된다고. 사소하게 생각한 잘못들 때문에 남에게 상처를 주고, 마침내 그것이 자신에게 돌아오는 거야. 알겠나?"

목덜미에 강력한 전기충격을 받은 것 같았다. 심장이 두근거리기 시작했다.

'그런 게 인생이라고? 사소한 잘못들 때문에 내가 이렇게 됐다고?'

위는 인도자와 이야기를 나누는 동안 끊임없이 불만을 토로했다. 인도자는 그의 이야기에 귀를 기울였지만 위로해주지는 않았다. 오히려 질책할 뿐이었다. 그러나 그렇게 마음속에 있는 얘기들을 털어놓고 나니 후련한 기분도 들었다. 11층으로 올라올 때의 긴장은 사라지고 없었다. 오히려 싱겁기만 했다.

그는 비상계단을 내려가면서 생각했다.

'정말로 나에게 문제가 있는 것일까?'

핸드폰 벨이 울렸다.

"응, 위 차장인가? 나, 신규사업본부장 최 상무야. 회사 앞 커피숍으로 나와. 오랜만에 차나 한잔 하지."

위가 대답할 틈도 주지 않고 전화는 끊겼다.

철혈이마는 2층 창가에 앉아 물끄러미 바깥을 내다보고 있었다.

"저걸 봐. 쯧쯧, 저렇게 기회 포착을 못해서야 이 험난한 세상을 어떻게 살아갈 수 있겠어?"

배려

위가 꾸벅 인사를 하고 맞은편에 앉는데 철혈이마가 혀를 차며 말했다.

"뭐가요?"

"저 차 말이야. 한심하지 않나?"

철혈이마가 손가락으로 가리킨 곳엔 파란색 자동차가 있었다. 그 차는 교차로 한복판에 고립되어 있었다. 차창 안으로 어쩔 줄 모르고 허둥대는 운전자의 모습이 보였다. 신호가 바뀌는데 무리하게 진입했다가 진퇴양난이 된 것 같았다. 그 때문에 교차로는 뒤죽박죽 차들로 엉켜 있었다. 경적 소리가 귀를 찔렀다.

"저 차는 충분히 지나갈 수 있었어. 저 차보다 뒤에 있던 차들도 너끈하게 통과했다고. 그런데 괜히 우물쭈물하다가 기회를 놓친 거지. 세상사도 마찬가지야. 빨리 판단하고 과감하게 행동해야 해. 우유부단은 신세를 망치는 지름길이야."

잠시 침묵이 흘렀다.

이마가 넓은 사람들은 대개 온화하고 아량이 있어 보이게 마련이다. 그러나 철혈이마는 예외였다. 그는 완고했을 뿐만 아니라 빈틈이라곤 찾아볼 수 없었다. 철혈은 비공채 출신들의 우상이었으며 위가 닮고 싶은 사람 1호였다. 철혈이 에스프레소 잔을 비우더니 말문을 열었다.

"이번 인사발령에 대해 궁금한 게 많지?"

위는 고개를 들었다. 두 사람의 눈이 마주쳤다.

"내가 자넬 발탁했어. 자네만 한 적임자가 없거든."

"무슨 말씀이신지…."

"알겠지만 나는 간단명료한 걸 좋아해. 자네한테 기회를 준 거야. 차장으로 승진시켜줬으니까 조금만 더 고생해줬으면 좋겠어. 그러고 나면 기획실로 복귀시켜줄게. 내가 약속하지. 어차피 자네 나이에 기획실에서 곧바로 차장 달기는 어려운 일 아닌가. 그러니까 1팀이 정리될 때까지만 수고 좀 해주게."

"죄송합니다. 이해가 안 가는데요."

철혈이 미간을 찌푸렸다. 넓은 이마에 밭이랑 같은 주름이 나타났다. 깊게 패인 주름은 전쟁의 악전고투 끝에 살아남은 자의 훈장처럼 보였다.

"간단하게 말하지. 트로이의 목마가 되어달라는 거야. 나쁘게 보자면 스파이라고도 할 수 있지만, 뭐 대단한 걸 바라는 건 아냐. 정탐 같은 건 할 필요없어. 웬만한 건 나도 훤하게 알고 있으니까. 결정적인 순간에 한방 터뜨려주면 되는 거야."

위가 고개를 갸웃거리며 말했다.

"1팀 문제는 저도 보고서를 올린 적이 있습니다. 정리하는 건 상무님 권한으로도 충분한 것 아닌가요? 굳이 제가 필요한 이유를 모르겠습니다."

"그 보고서가 큰 도움이 됐지. 앙 사장도 자네 보고서를 보고는 동감하더군. 그래서 자네가 적임자인 거야. 그런데 사업이란 건 말이야, 윗선에서 하고 싶다고 해서 그냥 되는 게 아니거든. 어떤 일이든 명분이 필요해. 전 직원들을 납득시킬 만한 명분이 있어야 하는 거지. 자네도 잘 알다시피 지금은 강도 높은 변화가 필요한 시점이야. 우리는 1팀을 정리하는 것을 시작으로 구조조정을 하려고 해. 생각하면 마음 아픈 일이지만, 전체가 살기 위해서는 어쩔 수 없지 않겠어? 희생도 필요할 때가 있는 법이라고."

위는 무릎을 치고 싶은 것을 가까스로 참았다.

'그럼 그렇지. 회사가 나를 버릴 리가 있겠어?'

본사에서 파견한 외국인 사장까지 보고서에 마음이 움직였다면 위로서는 큰 성과를 낸 것이다. 마음속을 뒤덮고 있던 먹구름이 흩어지면서 그 사이로 한 줄기 밝은 햇살이 비춰오는 것 같았다. 자신도 모르게 미소를 머금었다. 철혈이 그것을 놓치지 않고 말했다.

"기회를 만났으면 꽉 쥐라고. 기회는 미꾸라지 같아서 자꾸 빠져나가려고 하거든. 그리고 노파심에 하는 말인데, 쓸데없는 감정 때문에 절대로 흔들리면 안 돼. 모든 인류 역사는 승자의 역사라는 걸 명심해. 패자는 묻히고 마는 거야."

철혈은 "프로젝트 1팀 업무를 빨리 익혀서 열심히 하라"고 말한 뒤, 회의가 있다면서 먼저 자리에서 일어났다. 위는 "그러겠다"고 했다. 그런데 어차피 정리할 거라면서 열심히 하라는 건 또 뭔지….

위는 가벼운 걸음으로 커피전문점을 나섰다. 횡단보도를 건너면서는 휘파람까지 불었다.

배려

모두를 만족시키는 가치

"유 대리님, 저 어제 그 영화 봤거든요. 근데 별로 재미가 없더라고요. 대리님 때문에 괜히 돈만 날렸잖아요. 그감독, 유명해지더니 너무 기만한 거 아니에요?"

"그래? 난 재미있기만 하던데. 요즘 그만큼 완성도 있는 영화가 또 어디 있나? 잔혹함과 슬픔, 유머를 그 정도로 멋지게 조합해낸 수작이 없더라고. 그 여배우 표정 변하는 장면 봤지? 배우도 잘했지만 그런 장면을 만들어낸 감독은 정말 대단해."

요술공주가 영화를 혹평하자 명함수집가가 반박에 나섰다.

아침 8시 10분. 아침 회의를 시작할 시간이 지났지만, 늦는 사람들을 기다리다가 영화 이야기가 흘러나왔다. 요술공주가 한

발짝 물러섰다.

"전혀 재미없는 건 아니었지만, 그래도 제 친구들은 전부 기대에 못 미쳤다고 하던데요."

잠자코 듣고 있던 공자왈이 가세했다.

"자왈, '사람은 서로의 입장과 처지를 바꿔 생각할 줄 알아야 한다' 고 했습니다. 남이 정성들여 만들어놓은 것은 쉽게 혹평하면서, 고객들이 우리한테 클레임을 걸 때마다 억울해하는 건 뭡니까? 내가 주는 건 비싼 것이고, 남이 주는 건 공짜여야 한다는 생각을 버려야 해요."

요술공주가 입을 비죽 내밀며 말했다.

"아이, 또 공자왈 맹자왈 하실 거예요? 제가 잘못했어요. 너 그럽게 용서해주세요."

그러나 공자왈은 그녀를 용서해주지 않았다. 일어나더니 화이트보드에 그림을 그려가면서 설명을 하기 시작했다.

"모두 잘 들으세요. 우리가 고객에게 제공하는 모든 서비스는 부등가 교환이라고 생각해야 합니다. 보세요. 우리가 100원을 제시했다고 합시다. 우리 입장에서는 너무 싸서 억울할 겁니다. 그렇지만 고객들은 거기에서 100원의 가치만을 기대할까요? 만약 그렇다면 거래는 이뤄지지 않을 겁니다. 그 이상의 만족을 채워줄 수 있어야만 고객은 구입하지요. 어떤 고객은 더 많은 것

배려

을 원할 수도 있지만 모든 고객에게 완벽한 만족을 줄 수는 없습니다. 그렇지만 우리는 고객들의 요구에 계속 접근해가는 노력을 해야 합니다."

요술공주가 기회를 노렸다는 듯 말꼬리를 잡아챘다.

"그러니까 영화도 관람료 이상의 값어치를 해야죠. 그런데 그걸 못한 거잖아요?"

공자왈은 고개를 저었다.

"아닙니다. 줄 때만 그렇다는 겁니다. 받을 때는 과도한 기대를 하지 않는 것이 좋습니다. 그래야 가치의 균형을 잡을 수 있습니다."

"무슨 말씀인지 도무지 모르겠어요. 그리고 100원을 넘는 가치, 그러니까 남는 부분의 가치는 고객들의 몫이라는 건가요? 그러면 우리가 손해보는 것 아닌가요?"

요술공주가 볼멘소리를 했다.

"남들에게 많은 가치를 안겨줄수록 돌아오는 가치도 늘어납니다. 남을 위하는 마음은 궁극적으로 자기 자신을 위한 것이지요."

위가 보기에는 뻔한 소리였다. 공자왈은 뻔히 아는 얘기를 빙빙 돌려서 하거나 궤변으로 탈바꿈시키는 재주가 있었다. 그때 사람들이 회의실로 들어왔다. 공자왈의 강의가 중단되고 회의가 시작되었다.

철혈을 만나 모처럼 느꼈던 기쁨은 하루를 가지 못했다. 명치 끝이 살살 아픈 것이 체한 듯했다.

⁜

요술공주의 두 엄지손가락이 핸드폰 위에서 춤을 추었다. 손가락이 보이지 않을 정도로 버튼을 누르는 속도가 빨랐다.

"와! 대단하네. 기네스북에 올라가도 되겠는데?"

명함수집가가 탄성을 질렀다.

"전화로 하면 간단한데, 뭘 그렇게 힘들게 문자를 보내는 거야? 난 도무지 이해가 안 가."

조구라가 어깨를 으쓱하면서 말했다. 요술공주는 문자뿐만 아니라 모든 면에서 빨랐다. 매일 노는 것 같으면서도 일을 맡으면 눈 깜짝할 사이에 처리하는 재주가 있었던 것이다. 역시나 공자왈이 기대를 저버리지 않고 끼어들었다.

"진심을 말하는 데 서툴러서 그럴 겁니다. 요즘 젊은 세대들을 보면 정말 안타깝습니다. 얼굴을 마주 대하고 진심을 이야기하는 데 익숙하지 못합니다. 핸드폰 문자를 통해서 친구를 만납니다. 주객이 전도되어서 핸드폰이 진짜 친구고, 친구는 그 핸드폰의 친구입니다. 그래서 점점 외로워집니다. 자신을 위로하

배려

는 방법을 모르기 때문이지요. 자왈, ….."

본격적인 공자왈을 시작하려는데, 전화벨이 울렸다. 전화를 받는 공자왈의 표정이 굳어졌다.

"1팀 모두 5층 대회의실로 모이라는 지시입니다. 중대 발표가 있다고 합니다. 다들 갑시다."

철혈은 이미 대회의실로 내려와 회의석 중앙에 앉아 있었다. 그는 '기다리는 것을 싫어하기 때문에 기다리게 하지도 않는다'는 자신의 원칙을 어긴 적이 없었다. 1팀 멤버들이 어정쩡하게 인사를 한 뒤 자리에 앉자 철혈이 입을 열었다.

"다들 바쁠 테니까 결론부터 전달하겠습니다. 더 이상 회사로서는 견디기 어려운 지경에 도달했습니다. 시장 전체 규모는 성장하고 있지만 파이는 급격히 줄어들고 있습니다. 자구 노력이 필요한 시점입니다. 그래서 회사는 구조조정을 단행하기로 했습니다. 1차 구조조정은 프로젝트사업 부문부터 시작될 겁니다."

팀원들의 눈이 일제히 휘둥그레졌다. 잠시 얼음장 같은 침묵이 회의실을 덮었다. 철혈이 물을 한 모금 마시더니 침묵을 깼다. 싸늘한 미소를 지으며 말했다.

"너무 걱정할 건 없습니다. 지금 당장 구조조정을 한다는 게 아닙니다. 내가 경영진을 설득해 여섯 달의 유예기간을 두기로 했습니다. 내년 상반기까지입니다. 지금이 11월이니까 한 달은 준비기간으로 두죠. 유예기간 동안의 성과를 감안해 구조조정 여부를 최종 결정합니다. 목표는 올해 상반기 대비 30퍼센트 신장입니다. 그 이상의 매출액을 달성하면 구조조정 대상에서 벗어나게 됩니다."

회의실 공기가 순간 미세하게 술렁거렸다. 직업조문객이 물었다.

"매출 기준은 예전처럼 계약액 기준이죠?"

"그렇습니다. 본계약 체결 기준입니다. 가계약은 집계에서 제외합니다."

이번에는 조구라가 물었다.

"1팀과 2팀, 모두 구조조정 대상인가요?"

"대상은 1팀입니다. 목표를 달성하지 못할 경우, 2팀이 1팀을 흡수해 프로젝트사업단으로 거듭나게 됩니다. 당연히 1팀 전원이 흡수되는 건 아닙니다. 개인별 능력을 평가해 핵심인력만을 추릴 겁니다."

명함수집가가 따졌다.

"왜 1팀만이 대상이죠? 2팀보다 두 배 이상 매출을 올리는데 말입니다. 납득할 수 없습니다."

철혈은 그런 질문이 나올 줄 예상했다는 듯 여유롭게 웃으며 말했다.

"2팀은 신설 조직 아닙니까. 그런데도 단기간에 상당한 성과를 내고 있습니다. 반면 1팀은 사업 추진 방식이나 관행에 문제점이 많다는 지적이 제기되어 왔습니다. 자세한 이야기는 구 부장을 통해 전달하겠습니다. 이만 마치겠습니다. 구 부장은 지금 내 방으로 갑시다."

철혈이마가 공자왈과 함께 대회의실을 나갔다.

"철혈이마랑 외국물이 요즘 매일 붙어 다니더니, 저런 공작을 꾸미느라 그랬던 거군요. 외국물 그 인간, 2팀장으로 올 때부터 내가 알아봤다니까요. 혀 꼬부라진 영어만 남발하면서 뭐가 선진 경영기법입니까? 밀실에서 작당해서 남의 뒤통수 칠 생각이나 하면서."

조구라가 뷔을 힐끗 보더니 작은 목소리로 말하자, 직업조문객이 소형 계산기를 두드리면서 말했다.

"30퍼센트 신장이면 딱 120억이네. 우리가 120억을 해낼 수 있을까? 요즘 상황도 안 좋은데."

명함수집가가 대답했다.

"어떻게든 해봐야죠. 그나마 업그레이드 수요가 꽤 있으니까 전혀 불가능하지는 않을 것 같기도 한데요."

뷔는 희미하게 웃었다. 철혈의 속셈을 꿰뚫어볼 수 있었다.

'내가 올린 보고서에는 유예기간을 주자는 제안 같은 건 없었어. 철혈의 말대로 저 양반이 생각해낸 아이디어야. 1팀을 위기로 몰아넣으면 어떻게든 살아남으려고 발버둥을 치겠지. 그러다 보면 매출이 늘어나고. 치약을 짜내는 것처럼 마지막까지 실적을 짜낸 다음에 정리하겠다는 것이지. 그러면 그게 전부 자기 공적으로 돌아갈 테니까. 게다가 사내에서 좋은 평판을 유지할 수도 있잖아. 다른 임원들의 반대를 무릅쓰고 유예기간을 줬는데도 1팀이 실패했으니까 어쩔 수 없다고 말이야. 정말 무서운 사람이야.'

공자왈은 두 시간이 지나서야 돌아왔다. 팀원들이 그를 따라 일제히 회의실로 들어갔다.

"제가 부덕해서 여러분까지 힘들게 만들었습니다. 책임을 통감합니다."

공자왈이 일어서더니 고개까지 숙이며 사과했다.

"아니에요. 부장님이 잘못하신 건 전혀 없습니다. 저희가 일을 잘 못해서 이렇게 된 거죠."

직업조문객이 공자왈을 끌어 앉히며 말했다.

"다른 임원 분들도 만나고 왔습니다. 안타깝게도 1팀을 지지해주는 분을 찾지 못했습니다. 뭐라 할 말이 없습니다. 전부 제

책임입니다."

갑자기 요술공주가 까르르 웃었다. 요술공주는 사람들의 시선을 받자 얼굴을 붉히며 말했다.

"죄송해요. 부장님을 보고 있으니까 자꾸 웃음이 나오네요. 그런데 부장님은 이런 상황에서도 공자 말씀을 실천하고 계시네요. 전에 이런 말씀 하신 적이 있죠? '내 자신을 심하게 탓하고 남을 가볍게 책망하면 원망을 멀리하게 된다'라고요. 제가 여기 수첩에 적어놓았거든요. 이런 것도 있네요. '군자는 스스로 재능이 없음을 근심하며, 남이 알아주지 않음을 근심하지 않는다'라고요. 정말 대단하세요, 호호호."

위는 짜증이 났다. 또 뻔한 얘기였다. 그런데 요술공주의 지적이 분위기를 묘하게 반전시켰다. 회의실을 짓누르던 무거운 공기가 사라졌다.

"선택할 수 있는 다른 카드가 없습니다. 일단 도전해보는 수밖에 없다고 봅니다."

명함수집가가 말했다.

"그렇죠. 일단 해봅시다. 그냥 눈뜨고 당하느니, 기를 쓰다가 장렬하게 산화합시다."

"업그레이드 수요에다 교체 수요까지 감안하면 120억이 헛꿈은 아닙니다. 고객사 수요조사를 다시 해보고 제가 세부전략을 짜보겠습니다."

다른 팀원들이 거들고 나섰다.

회의실 분위기가 바뀌었다. 회의 주제는 '구조조정에 대한 대응책' 에서 어느새 '매출을 폭발시키는 방안' 으로 흘러가고 있었다.

위는 혼란스러웠다. 회사에서는 팀을 공중분해시키겠다고 하는 판인데, 오히려 매출을 폭발적으로 올려 남 좋은 일만 하겠다는 저 사람들은 뭐란 말인가. 어쨌든 120억은 달성하지 못할 것이 뻔했다. 위는 그들이 측은해 보였다. 그래서 격려를 해주고 싶었다. 자신도 한마디 거들어야겠다는 사명감 같은 것이 불쑥 치밀었다.

"너무 걱정들 하지 맙시다. 어떻게든 해보죠 뭐. 다들 능력 있으니까, 안 되면 다른 회사에서 스카우트해갈 겁니다."

말을 해놓고 보니 좀 이상했다. 역시 격려도 연습이 필요한가 보다.

"야! 위 차장. 넌 미리부터 알고 있었지? 네가 우리 팀에 대해서 안 좋은 보고서를 올렸다는 소문이 좍 퍼져 있었다고. 그래서 네 무덤 직접 파보니까 속이 시원하냐? 자기밖에 모르는 인간아!"

직업조문객이 의자를 박차고 일어났다. 멱살이라도 잡을 기

배려

세웠다.

"성 과장님, 참으세요. 이젠 위 차장님도 같은 배를 타셨는데, 지난 일 얘기해봐야 뭐해요. 입사동기 분들끼리 싸우면 추해 보이잖아요."

조구라가 직업조문객의 팔을 붙들어 앉혔다. 조문객은 분이 풀리지 않는지 식식거리며 밖으로 나갔다. 공자왈이 회의를 정리했다.

"어떤 분이 그러시더군요. 1팀은 앵벌이 수용소라고요. 시간도 늦었는데 우리 모두 퇴소합시다."

그 말에 모두가 웃음을 터뜨렸다. 업무수첩과 필기구 등을 챙기면서 명함수집가가 말했다.

"그럼, 내일의 활기찬 앵벌이를 위해 퇴소하겠습니다, 소장님."

정말 이해할 수 없는 사람들이었다. 논리적으로 도저히 설명할 수 없는 행동을 하는 그들은 자신들에게 쏟아진 극한 비난마저 웃고 떠드는 소재로 삼고 있었다.

"자기밖에 모르는 인간아!"

직업조문객의 그 몇 마디가 목에 걸린 가시처럼 위를 아프게 했다.

'언제쯤이면 그 두꺼운 철갑옷을 벗고 나올 거야? 당신은 스스로를 보호하려고 그러는지 모르겠지만, 철갑에 달린 가시들 때문에 우리가 얼마나 아픈 줄 알기나 해? 왜 그렇게 사람이 뒤틀렸어? 철갑옷을 벗을 때까지는 우리 얼굴 볼 생각은 하지도 마.'

한 달 전 위가 전화를 걸었을 때, 아내는 울먹이는 소리로 말했다. 위가 듣기에도 멋진 비유였다. 살아간다는 것은 전투나 다를 바 없다. 누군가를 딛고 서야 자신이 살 수 있는 것이다. 그래서 무장해제하라는 아내의 요구는 받아들일 수 없었다.

지하철역 계단을 내려가는 내내 아내의 말이 환청처럼 들려왔다. 인도자가 뭐라고 했더라. 그는 기억회로를 검색했다. 곧 그것을 찾아낼 수 있었다. 사스퍼거. 직업조문객의 주장에 따르면 그는 사스퍼거였다.

'모든 게 내 잘못이라고?'

위는 반추해보았다. 무엇을 잘못했는지 떠오르지 않았다. 어쩌면 전부 다 잘못한 것 같았고, 잘못한 게 전혀 없는 것 같기도 했다.

배려

좋아함을 넘어 즐겨라

프로젝트 1팀 사람들의 일과는 뻔했다. 아침 8시에 출근해서 회의를 하고 9시부터 업무를 시작했다. 아침 회의는 대개 싱겁게 끝났다. 팀원들이 몇몇 고객사의 자질구레한 요구사항을 추려서 보고하면, 요술공주가 그것을 취합해 기술지원본부에 통보하는 식이었다. 그 다음은 별것 아닌 얘기들이 이어졌다. 고객사 상무 아들이 대학에 합격했다거나 또 다른 고객사 대리가 다음 달에 결혼을 한다는 등 잡담만이 오갈 뿐이었다.

철혈의 회사 내 입지로 볼 때 기획실 차장 발령 약속은 보증수표나 다름없었다. 게다가 1팀 사람들이 하는 꼴을 보니 구조조정을 피할 방법은 없어 보였다.

그런데 이상하게도 1팀이 막상 없어질 거라고 생각하니 아쉽기도 하고 딱해 보이기도 했다. 스스로 '왕따 신세'를 선택한 그가 팀원들과 정이 들어서 그런 것은 아닐 터였다.

위는 그런 자신의 이중성을 스스로에게 어떻게 납득시켜야 할지 막막했다. 그는 '일이 안 되는 꼴을 못 보는 내 성격 때문에 그럴 거야'라고 잠정 결론을 내렸다.

그래서 회의가 끝난 뒤 공자왈에게 얘기 좀 하자고 했다.

"부장님, 걱정이 안 되세요? 이제 여섯 달 반밖에 안 남았잖아요. 내년 상반기 기존 고객사에 대한 유지보수 수입으로 확보해 놓은 게 겨우 27억입니다. 93억을 신규계약으로 따와야 한다는 얘긴데, 지금 진행중인 계약들은 전부 지지부진하지 않습니까. 그런데 어떻게 그렇게 다들 태평할 수가 있지요? 회의에서 자잘한 얘기나 쓸데없는 소리들만 하고 말입니다. 특단의 대책이 필요한 것 아닙니까?"

공자왈이 물었다.

"네? 뭐가요? 뭐가 쓸데없다는 말입니까? 자잘한 건 또 뭐죠?"

"회의 내내 그렇지 않습니까. 새로 계약을 따왔다는 보고는 없고 누가 어쨌다는 등 시시콜콜한 얘기들만 오가고…. 눈에 불을 켜고 신규계약 체결에 모든 노력을 기울여야 할 때 아닌가요?"

공자왈이 빙그레 웃으면서 말했다.

배려

"재미있지 않습니까? 놀라운 일이 매일 일어난다면 사람 사는 세상이 아니죠. 그냥 재미있게 살다 보면 기쁜 일도 생기게 마련이지요. 위 차장, 너무 초조해하지 마세요. 공자 말씀에 '이해한다는 것은 좋아한다는 것만 못하다. 좋아한다는 것은 즐긴다는 것만 못하다' 라는 말이 있습니다. 이게 무슨 뜻일까요?"

"글쎄요…. 즐기라는 얘기 같은데요."

"그렇죠. 무슨 일이나 마찬가지입니다. 일의 출발은 이해입니다. 어떤 것인지 알아야 시작할 수 있으니까요. 하지만 이해하는 것만으로 일이 잘 풀리는 건 아닙니다. 일 자체를 좋아해야 일이 잘됩니다. 좋아하지 않으면 어려울 때 참아낼 수 없거든요. 그렇죠?"

"네, 그렇겠죠."

"좋아하는 것을 넘어서는 게 즐기는 겁니다. 즐겁게 일하면 어려움이 있어도 그것마저 즐거운 눈으로 볼 수 있습니다."

황당한 답변이었다.

직업조문객이 발표했다.

"그동안 고객사들을 대상으로 조사한 결과를 분석해보니 공통적인 애로사항이 있었습니다. 우리 시스템이 용량을 너무 잡아먹는다는 지적입니다. 그래서 가끔은 과부하가 걸리는 바람에 효율성이 떨어진다고 합니다. 이거 참 큰일이네요. 새로운 수요를 만들어내야 하는데 고객사들이 솔깃해할 만한 대목이 없어요."

아침 회의가 시작된 지 두 시간이 넘었다. 그간의 성과를 보고하고 새로운 전략을 모색하자는 취지였다. 이제 1팀에게 남은 기한은 여섯 달하고 열흘뿐이었다.

위는 여전히 턱을 괸 채 팀원들의 발언을 듣고 있었다. 원래 그는 회의에서 듣는 스타일이 아니었다. 자신이 준비한 내용을 발표하고, 누군가가 이견을 보이면 비장의 수를 써서 면박을 주곤 했다.

다른 사람의 발언 시간은 그에게 공격을 준비할 기회였다. 논리적 결함을 찾아낸 그는 야수처럼 달려들어 적들의 상처를 물어뜯었다. 그렇게 해야 사람들로부터 인정받을 수 있다고 믿었다. 위에게 다른 참석자들은 자신의 능력을 돋보이게 하는 조연일 뿐이었다. 하지만 프로젝트 1팀에 온 이후로는 회의에 임하는 태도가 바뀌었다. 무관심에 빠져 발언을 하지 않다 보니, 결과적으로 남의 말을 듣는 연습이 된 셈이었다.

"어쩌면 자승자박인지도 모르겠습니다. 컨설팅 단계에서는 고객사에 적합한 모듈로 구성을 해주었다고는 하지만, 고객사 입장에서 보면 당장에는 불필요한 자원들이 많이 투입되었으니까요. 업계 관행이라고 변명할 수도 있겠죠. 어쨌든 결과적으로는 미래의 수요를 스스로 갉아먹은 셈이죠."

명함수집가가 볼펜을 돌리면서 말했다.

위가 팀원들의 얘기를 듣고 있자니, 그들 모두가 한 가지 아이디어를 제시하고 있는 것 같았다. 관점은 제각각 달랐지만 그것은 분명 하나의 결론으로 귀결되고 있었다. 위가 말문을 열었다.

"그러니까, 종합하면 이런 얘기 같은데요."

사람들이 깜짝 놀라면서 그를 바라보았다.

"우리 시스템이 용량을 많이 잡아먹는다는 것은 어쨌거나 고객의 부담이죠. 그러니까 고객사 각각의 특색에 맞는 시스템을 효율적으로 재구축할 필요가 있는데, 이것도 새로운 수요라는 거죠? 게다가 핵심 솔루션들이 대부분 외국산이니 우리 실정과는 다소 안 맞을 수도 있고요. 좀 전에 말씀하신 우리 회사 자체 개발 솔루션도 지금부터 마케팅에 전력을 쏟아야 하고. 결국 여러분 의견을 모두 모으면, 고객사 전체에 대해 조사를 한 다음, 효율화시킬 부분은 효율화시키고 업그레이드할 점은 업그레이드해야 한다, 뭐 이런 쪽으로 정리가 되는데요."

명함수집가가 무릎을 치면서 외쳤다.

"앗! 그거 좋은 아이디어입니다. 고객사 담당자들의 구미에 맞을 것 같은데요. 위 차장님, 아주 좋은데요."

위는 겸연쩍게 대답했다.

"내 생각이 아닙니다. 여러분이 낸 의견을 취합한 것뿐이죠."

그러자 조구라가 토를 달고 나왔다.

"고객사에서 좋아할까요? 그동안 바가지 씌웠다고 오해하지는 않을까요?"

직업조문객이 대답했다.

"과잉투자라는 측면은 부인할 수 없지만 그게 반드시 바가지라고 볼 수는 없지요. 투자는 미래를 보고 하는 거니까요. 게다가 고객사 담당자들 입장에서는 어차피 큰돈을 내면서 시스템을 도입한다면 최신의 장비와 솔루션을 확보하려고 하는 게 일반적이니까 그걸 꼭 우리 탓이라고 자책할 필요는 없다고 봅니다. 어쨌든 업그레이드 수요가 꽤 있는 만큼, 시스템 효율화 진단과 실행 작업까지 한꺼번에 진행하자고 하면 호응이 있을 것 같습니다."

직업조문객은 말을 마치면서 위를 향해 엄지손가락을 치켜세우고 웃었다.

"매일 멍하니 앉아 있길래 관심이 없는 줄 알았더니, 언제 그렇게 대단한 아이디어를 생각해낸 거야? 정말 입사 수석답네."

배려

조문객이 회의실을 나올 때 위에게 물었다.

"내 생각이 아니라니까 그러네. 다들 얘기하는 걸 하나로 모았을 뿐이라니까. 내가 여기 온 지 한 달밖에 안 되었는데 알면 얼마나 알겠어?"

"웬일이야? 안 떨던 겸손까지 떨고?"

며칠째 구체적인 방안을 만들기 위한 회의가 이어졌다. 위는 한 가지 결심을 했다. 그것은 '잠시 말을 삼키고 남들의 얘기를 끝까지 들어보자'는 것이었다. 그러자 보이지 않던 것들이 눈에 들어오기 시작했다. 먼저, 사람들의 환한 표정이 보였다. 전에는 자신의 공격에 인상을 찡그린 사람들뿐이었다.

다음으로 보이는 것은 다양한 아이디어들이었다. 팀원들은 꽤 쓸 만한 아이디어를 내놓고 있었다. 이야기를 끝까지 듣고 격려를 해주면, 또 다른 아이디어가 넝쿨처럼 이어졌다. 그런 생각들을 다듬고 조합하자 의도하지 않았던 재미있는 결과물들이 나타났다.

"우리 팀 아이디어가 채택될 것 같습니다. 다음 주 임원 회의에서 프레젠테이션을 하랍니다."

간부회의에서 돌아온 공자왈이 말했다. 팀원들이 환호성을 질렀다. 말솜씨가 뛰어난 조구라에게 정리와 발표를 맡기기로

했다. 위는 조구라를 회의실로 불러 아우트라인을 잡아주고 차근차근 설명해주었다.

"이 부분에서 근거를 제시해줘야 해. 임원들이 원하는 건 확신이야. 확신을 주려면 명확한 데이터를 보여줘야지. 딱 이 부분이면 알맞아. 너무 앞서서 근거가 나오면 작위적이란 느낌이 들 수도 있거든."

입사한 이래, 후배에게 이처럼 친절을 베푸는 것은 처음 있는 일이었다. 후배들이 업무에 대해 물어볼 때면 항상 둘 중 하나였다. 면박을 주거나 적당히 설명해주고 알아서 하라는 투였다. 그랬던 위가 후배가 알아들을 수 있도록 쉽게, 그것도 상대방의 용어로 업무를 가르쳐주고 있었다.

창조자와 비평가

아파트 현관 우편함에 봉투가 꽂혀 있었다. 발신자란에는 아내의 이름이 적혀 있었다. 우편물의 내용은 짐작할 만했다. 위는 거실등을 켜고 봉투를 뜯었다. 예상대로 그 서류가 나왔다. 그는 소파에 앉아 생각했다.

'이제 도장만 찍으면 되는 건가?'

"부장님, 플러스전자 박 이사님이 부친상을 당하셨답니다. 지금 가봐야겠는데요."

직업조문객이 전화를 끊으며 말했다.

"위 차장, 너도 같이 가자! 상가에 아무도 없대."

장례식장에 도착해보니 문상객들을 맞이할 준비조차 되어 있지 않았다. 박 이사 부부는 허둥대기만 했다. 직업조문객이 나서서 장례식장 직원들과 장례업체 사람들을 만났다.

잠시 후 망자의 영정사진이 들어오고 향과 국화 송이들이 도착했다. 직업조문객은 숙련된 솜씨로 그것들을 배치했다. 조금 지나자 문상객 접대를 위한 음식들이 배달되었다. 조문객과 위는 수저통과 반찬통, 음료수 등을 나르기 시작했다.

문상객들이 몰려들었다. 박 이사에게는 친척이 얼마 없는 모양이었다. 부인과 중년 여성 몇 명이 문상객들을 대접했지만 밀려드는 사람들 앞에 속수무책이었다.

직업조문객이 팔을 걷어붙이고 나섰다. 사람들을 안내하고 음식을 나르면서 친분 있는 사람들과 악수를 나누는 등 종횡무진 활약을 했다. 위도 멀뚱히 앉아 있을 수가 없어서 마지못해 직업조문객과 같이 움직이기 시작했다.

"엇! 최 부장님 오셨군요."

직업조문객이 고객사 사람에게 아는 척을 했다.

"오! 성 과장. 오늘도 기대를 저버리지 않는군. 복 많이 받을 거야."

"부장님, 제 입사동기입니다. 얼마 전에 우리 부서로 왔어요."

조문객이 위를 고객사 부장에게 소개시켜 주었다. 위는 상을 치우다 말고 악수를 나누었다.

사람들과 그런 식으로 인사를 하다 보니 준비했던 명함이 다 떨어졌다. 업계가 넓다고는 하지만, 비슷한 일에 종사하는 데다 세미나 또는 발표회 등에서 자주 마주치기 때문에 고객사든 경쟁사든 서로 친하게 지내는 모양이었다. 위의 호주머니는 어느새 사람들의 명함으로 가득 찼다.

철혈도 회사를 대표해 외국물을 데리고 나타났다. 위가 달려가서 철혈과 외국물을 빈자리로 안내했다.

사람들은 끊임없이 몰려왔다. 위는 서서히 부아가 치밀기 시작했다. 집에서도 해보지 않은 일을 이런 곳에 와서 해야 한다는 사실 자체를 납득할 수 없었다. 자존심도 상했다. 그는 분명히, 남의 상가에 와서 주방일이나 도와주려고 힘들게 학교를 졸업하고 취직을 하고 차장자리까지 오른 것이 아니었다. 마침내 화가 머리 끝까지 치밀어올랐다. 어쩔 수 없이 시선은 직업조문객을 향했다. 직업조문객은 상에 음식을 놓아주면서 연신 웃고 있었다.

"야! 이리 좀 와 봐."

그는 직업조문객을 끌고 장례식장 밖으로 나갔다.

"넌 뱀도 쓸개도 없냐? 창피하게 이게 무슨 짓이냐? 회사 망신시키지 말고 빨리 가자."

직업조문객이 위의 손을 뿌리치더니 말했다.

"뭐가 망신이라는 거냐? 입장을 뒤집어서 생각해봐. 네가 상주라면 이렇게 와서 도와주는 게 얼마나 고맙겠어. 갈 테면 너나 혼자 가라."

위가 쏘아붙였다.

"넌 겨우 이런 짓거리 하려고 회사 다니냐? 자존심도 없어? 차라리 장례식장에 취직을 하지 그래?"

직업조문객이 말했다.

"언제까지 그렇게 살 거냐? 이날 이때까지 네가 뭘 창조해본 적이 있냐? 가슴에 손을 얹고 생각해봐. 남들이 애써 만들어놓은 걸 비평만 하면서 살았잖아. 좀 솔직해져 봐. 창조하는 게 힘드니까 남의 것에 흠집만 내면서 세상을 쉽게 살려고 하잖아. 비평만큼 쉬운 게 어디 있어? 대충 보고는 무책임하게 떠들어대잖아. 네가 무에서 유를 창조해내는 일선 부서 사람들의 심정을 알기나 해?"

확실히 프로젝트 1팀 사람들에게는 문제가 있었다. 주제에서 벗어난 엉뚱한 말을 늘어놓기는 공자왈이나 직업조문객이나 마찬가지였다. 뺄도 쓸개도 없냐고 묻는데, 뭐가 창조고 뭐가 비평이란 말인가.

직업조문객은 휑하니 장례식장 안으로 사라졌다. 위는 건물

배려

밖 후미진 곳에서 한참동안 서성거리다가 기지개를 켰다. 평소 안 하던 일을 했더니 온몸의 삭신이 쑤셨다.

장례식장으로 들어서려는데 나무 밑 벤치에 낯익은 뒷모습이 보였다. 철혈이 외국물과 앉아 있었다. 위는 다가가서 인사를 하려고 했다.

"상무님, 왜 하필이면 30퍼센트죠? 그러다가 걔들이 30퍼센트를 넘겨버리면 우리 계획에 지장이 생기는 거 아닙니까?"

위가 철혈을 부르려는 순간, 외국물의 말이 귀에 들려왔다. 위는 자기도 모르게 그 자리에 우뚝 섰다.

"30퍼센트가 적당해. 그 이상을 요구해봐. 다른 부서에서도 이상하게 생각할 거라고. 너무 가혹하잖아. 긁어 부스럼을 만들 필요가 없지."

"그래도 정말 목표를 채워버리면 곤란한데요."

"걱정 마. 내가 다 조치를 취해놓았으니까. 그 녀석이 일을 제대로 할지는 모르겠지만 뭐 어차피 일회용이니까."

"오! 사람을 심어놓으셨군요. 그게 누구죠?"

"내가 나중에 얘기해줄게. 자네는 1팀 녀석들이 발표한다는 새 프로젝트 막는 데나 신경 써. 아이디어가 괜찮아서 내 입장에선 거부할 수가 없더군. 그러니까 그건 자네가 맡아."

"그런 건 제가 전문이죠. 걱정 마세요, 상무님."

위는 뒷걸음질을 쳤다. 그들의 대화는 소음에 섞여 정확하게 알아들을 수는 없었다. 다만, 철혈이 위에게 말한 것과는 다른 무언가가 있다는 것은 확실했다. 구조조정에 또 다른 내막이 있는 것 같았다.

새벽 1시. 위와 직업조문객은 문상객들이 모두 일어나기를 기다렸다가 장례식장에서 나왔다. 위는 직업조문객에게 사과했다.

"어렸을 때부터 아버지를 따라서 상가에 많이 다녔어."

가로등이 달빛과 어울려 희뿌연 그림자를 드리운 채 바람을 맞고 있었다. 두 사람은 서로의 어깨를 부딪치며 언덕을 내려갔다. 직업조문객이 말을 이었다.

"난 그게 정말 싫었거든. 좋은 일도 아니고 누가 죽어서 통곡하는 곳인데 어린 마음에 가고 싶었겠어? 그럴 때마다 아버지는 이렇게 말씀하셨지. '세상은 주고받는 것이란다. 받은 다음에야 주려고 하면 기다리는 사람은 없어.' 나는 뜬구름 잡는 얘기라고 생각했었지. 그런데 고등학교 1학년 때 아버지가 사고로 돌아가셨어. 막막하기만 했지. 그런데 울다가 정신을 차려보니까 구름처럼 많은 사람들이 와 있는 거야. 그때 나는 아버지 말씀을 깨달았지. '세상은 혼자서 사는 게 아니구나.' 그래서 지금도 상가에 열심히 다니는 거야. 가까운 사람들이 상을 당했을 때

배려

는 꼭 아이들을 데리고 가고 그래."

위는 집으로 가는 택시 안에서 2년 전 아버지가 돌아가셨을 때를 떠올렸다. 먼 친척들은 물론 얼굴만 겨우 익히고 있던 많은 사람들이 찾아왔었다. 그들은 근심 어린 표정으로 위로해주었었다.

'나는 왜 그걸 깨닫지 못했을까.'

주머니 곳곳에서 명함이 나왔다. 위는 상가에서 받은 명함들을 세어보았다. 모두 178장이었다. 그토록 많은 명함을 받아보기는 처음이었다. 고객사 사람들도 있었고 경쟁사나 관계 업종 사람들도 많았다.

그는 사람들의 이름과 연락처, 이메일 주소 등을 컴퓨터에 입력하기 시작했다. 별다른 뜻이 있어서 그런 것은 아니었다. 직업조문객의 말을 듣고 나니까 악수를 한번 나눈 그들과의 인연이 범상치 않게 생각되었다.

입력을 마치고 사내 게시판을 둘러보았다. 누군가가 친목 게시판에 올린 글이 마음에 들었다. 이때 뇌리를 스치는 게 있었는데, 보험 영업을 하는 동창 하나가 사흘에 한 번꼴로 메일을 보내오는 게 생각났다. 위는 그것을 흉내내보기로 했다. 사내 게시판에 올려진 글을 복사해서 이메일 편지를 작성하기 시작했다.

자신을 기억할 사람이 많지 않을 것이므로 자기소개를 간략하게 했다. 그리고 '보시면 좋을 것 같은 글이 있어 이렇게 이메일로 보내드리게 되었다' 고 취지를 설명했다. 아울러 '앞으로도 이메일을 통해 종종 인사드리겠다' 고 덧붙였다.

'이메일 편지의 제목을 무엇으로 할까?' 잠시 고민하던 그는 '우리 함께하는 세상' 이라고 제목을 붙였다. 178명 모두에게 메일을 보내는 데는 오랜 시간이 걸리지 않았다.

앞을 못 보는 사람이 밤에 물동이를 머리에 이고, 한 손에는 등불을 들고 길을 걸었다.
그와 마주친 사람이 물었다.
"정말 어리석군요. 당신은 앞을 보지도 못하면서 등불은 왜 들고 다닙니까?"
그가 말했다.
"당신이 나와 부딪히지 않게 하려고요. 이 등불은 나를 위한 것이 아니라 당신을 위한 것입니다."

— 바바 하리다스

배려

행복의 조건

12시 45분. 위는 구내식당으로 향했다. 사람들이 북적대는 것은 질색이었다. 그래서 배식이 끝날 즈음에 맞추어 식당에 간다. 밥을 먹고 있는데 누군가가 식판을 들고 앞에 와서 섰다.

"여기 좀 앉아도 되겠나?"

인도자였다. 위는 일어나서 인사를 했다.

"그래, 요즘 어떻게 지내나?"

"혼란스럽습니다. 뭔가가 크게 잘못된 것 같은데 그게 뭔지 잘 모르겠습니다. 기획실에 있을 때는 괜찮았습니다만, 프로젝트 1팀에 오니까 적응하기가 힘이 드네요. 사람들도 이상하고 말입니다."

"사람들이 이상하다고? 뭐가 이상한가?"

위는 얼마 전 회의에서 공자왈과 오간 대화며 직업조문객과의 설전 등을 요약해 전했다.

"정말 이상하지 않습니까? 사고 체계가 일반 사람들하고는 다른 것 같아요. 실적이 전혀 없어서 걱정해도 모자랄 판에 '재미가 어쩌네' 하질 않나, 자존심도 없냐고 물었더니 '창조가 어떻고 비평가가 어떻고…' 하는 대답이 어디 어울리기나 합니까? 보통 때는 정상인데요. 왜들 그렇게 가끔씩 동문서답을 하는지 모르겠습니다."

인도자의 눈꼬리가 점점 처지더니 박장대소를 했다.

"그게 그렇게 이상해? 그럼 빨리 식사하고 나랑 저 위에 올라가보세."

8층의 절반은 고객지원센터였다. 커다란 유리창 너머로 여직원들이 헤드셋을 통해 고객들과 상담하는 것이 보였다. 여직원들은 통화를 하면서 연신 컴퓨터 자판을 두들겼다. 고객의 요구사항은 메신저를 통해 각 부서에 실시간으로 전달된다. 현장직원을 파견하지 않은 고객사의 요구사항은 고객지원센터를 통해 수용하고 있었다.

배려

"뭐가 보이지?"

"상담원들이 고객들의 전화를 받고 있네요."

"유심히 보게. 눈에 띄는 게 있을 거야."

위는 그들을 계속 쳐다보다가 묘한 느낌을 받았다. 몇몇 상담원들은 입가에 미소를 띠고 통화를 하고 있었다. 마치 친구와 전화 수다를 떠는 것 같았다. 반면 대다수 여성들의 표정은 굳어 있었다. 몇몇은 노골적으로 짜증스럽다는 얼굴이었다.

갑자기 한 상담원이 헤드셋을 벗더니 손바닥으로 얼굴을 가리고 울기 시작했다. 고객한테서 수모를 당한 것 같았다. 하지만 상담원들은 본 척도 하지 않았다. 늘 있는 일이라는 투였다. 왼쪽 라인 앞줄에 앉아 있던 상담원이 그 여직원에게 다가가 휴지를 건네더니 등을 쓰다듬어주면서 위로했다.

"아! 맞아요. 저 여직원이 돋보입니다. 뭐가 그렇게도 즐거운지, 여기서도 느껴질 정도네요. 저 여직원한테 항의하는 사람들은 기분이 금방 풀리겠는데요."

인도자가 고개를 끄덕였다.

"금방 찾아냈구만. 이곳의 분위기 메이커지. 그런데 그녀가 행복해 보이나?"

"네, 즐거운 일이 있는 것 같습니다."

"그 즐거운 일이란 게 뭘까?"

"그거야 저도 모르죠. 들어가서 물어볼까요?"

"아냐. 그럴 필요없네. 자기 일을 즐기고 있는 거니까."

"자기 일을 즐긴다고요?"

위는 어안이 벙벙했다. 공자왈이 했던 말을 또 들은 것이다.

"자네 입사동기가 창조자와 비평가에 대해 얘기했다고 했지? 저 사람들을 보게. 어느 쪽이 창조자고 어느 쪽이 비평가로 보이나?"

인도자는 위의 대답을 기다리지 않고 말을 이었다.

"자연스럽고 즐겁게 일하는 쪽이 창조자야. 즐겁게 상담해주니까 고객은 만족스러워하게 되고 고객이 가졌던 불만은 사라지고 말지. 또 고객의 요구사항을 회사 쪽에 전달하면 회사로서는 고객에게 더욱 높은 가치를 제공해줄 수 있는 기회가 생기는 거야. 고객들은 만족이라는 가치를 누리게 되고. 그러니까 저렇게 고객과 전화선으로 연결된 것이 새로운 가치를 창조하는 행위가 되는 셈이지. 중요한 포인트는 저렇게 즐겁게 일을 할수록 가치사슬이 확고해지고, 고객과 회사의 만족은 높아진다는 점이야."

"그럼 나머지 사람들은 비평가란 말씀인가요?"

"모두가 그렇다고 볼 수는 없지만 그런 성향을 어느 정도 갖고 있다고 봐야겠지."

배려

"무엇을 비평한다는 말씀인가요?"

"비평 대상은 여럿이지. 첫 번째는 자꾸 귀찮게 전화를 거는 한심한 고객들이야. 하루 종일 전화를 받는 게 지겨우니까. 두 번째는 제품이나 서비스에 하자를 만들어서 짜증나는 전화가 걸려오게 하는 우리 회사일 테고. 세 번째는 기쁘게 일하면서 자신들을 질리게 하는 옆자리의 창조자일거야. 창조자들은 일 자체에서 재미를 찾을 뿐만 아니라 몰입하는 경향이 있어. 그러다 보면 결과 역시 재미있게 나오지. 예술가들을 봐도 그렇잖나. 반면 비평가들은 창조의 엄두를 내지 못하지. 대부분의 비평가들은 비평을 자신의 보호색으로 활용한다구."

"보호색이라뇨?"

"자신의 잘못을 남들이나 환경 탓으로 돌림으로써 스스로에게 면죄부를 주는 것 말이야. 자신을 비평하는 비평가 봤나? 대부분의 사람들은 자신에게는 너그러워. 그래서 세상에 창조자는 적고 비평가는 넘치는 것일세. 자기를 이겨낼 수 없으니까."

명치 끝이 예리한 바늘에 찔린 듯했다. 위는 그러나 그 정도에서 굴복할 수 없었다.

"회사일이란 게 다 그런 거 아닙니까? 일이 재미있다는 사람이 얼마나 되겠습니까? 마음에 드는 일도 아닌데, 신이 날 이유도 없지요. 회사일만 놓고 사람을 판단하는 것도 섣부른 게 아닌가 싶습니다."

인도자가 말했다.

"거의 모든 직장인들이 하루에 10시간 이상을 회사일에 쓰고 있네. 출퇴근 시간까지 합해서 보면 그렇지. 그것만으로도 판단 근거는 충분하지 않나? 사람은 누구나 자신의 능력을 높고 귀하게 평가하지. 그런데 세상은 항상 그 평가보다 낮은 일을 맡긴다고 생각하네. 그래서 불만이 생기지. '내가 이런 일이나 할 사람이 아닌데' 하고 말이야. 그렇지만 불평을 한다고 해서 해결되는 일은 아무것도 없어. 출발점으로 돌아가서 보게. 이 직업을, 이 직장을 누가 선택했지? 자네가 선택하지 않았나? 남이 억지로 떠민 게 아니라 자네가 선택했다면, 자네는 어느 쪽을 선택하겠는가? 즐거운 창조자가 되겠는가? 아니면 불평불만이 가득한 비평가가 되겠는가?"

위가 항변했다.

"네, 저도 압니다. 저도 즐겁게 살았으면 좋겠습니다. 그런데 정말이지 그게 쉽지 않아요. 왜 이렇게 되었는지 모르겠습니다."

"그래? 그렇다면 자네는 스스로에게 솔직한 적이 있었는가? 지금의 자신을 인정하지 않다 보니 자꾸 허상만을 좇게 되는 거야. 그래서 박탈감을 느끼고 남의 탓만 하는 거지. 지금 처한 현실이 어렵다면, 대가를 치르고 있다고 생각하게. 내가 선택하지

배려

않은 인생은 없지. 모든 것은 스스로 선택한 데 따른 결과물이야. 과거의 잘못된 선택에 대한 대가를 치르는 것이지. 그걸 솔직하게 인정해야 하네. 그게 행복의 첫 번째 조건이야. 자신에게 솔직해져야 마음이 편안해지고 행복을 받아들일 준비가 되는 거야. 나는 행복은 추구해야 할 목표가 아니라고 생각하네. 행복은 삶의 과정에서 언제든 찾아낼 수 있는 것이지."

'자신에게 솔직해지라고?'

위는 할 말을 잃었다. 생각해보니 지금 자신에게도 솔직하지 못한 면이 있긴 했다. 위의 머릿속은 순식간에 철혈과의 약속을 털어놓고 싶은 욕구와 감추고 싶은 욕구 사이에서 갈등하고 있었다.

"저, 고문님. 사실은…."

그는 인도자에게 철혈과의 밀약을 털어놓았다. 자신이 프로젝트 1팀의 스파이로 파견되었으며, 1팀의 해체에 뭔지 모르지만 결정적인 역할을 해야 한다는 사실을 얘기했다. 그러나 인도자는 놀라지 않았다. 위는 하루 빨리 기획실로 돌아가고도 싶지만 이상하게도 1팀이 이대로 해체되는 것을 보고 싶지도 않았다. 그런 이율배반적인 생각을 하고 있는 자신의 심정을 인도자에게 털어놓으니 마음은 편해지는 것 같았다. 덧붙여 어느 쪽이 솔직한 자신인지 모르겠다고 하소연까지 했다.

인도자는 단호한 표정으로 말했다.

"그건 자네가 선택할 문제야. 분명한 것은 어느 쪽을 선택하든 책임을 져야 한다는 것이지. 물질적인 손해일 수도 있고, 양심의 훼손일 수도 있어. 어쨌든 자네는 사후 책임까지 생각하면서 선택을 해야 하네. 나한테 비밀을 털어놓은 것처럼 용기를 가지고 스스로에게 솔직해지게."

인도자가 안주머니에서 뭔가를 꺼내더니 그에게 내밀었다. 명함보다 조금 큰 종이카드였다.

"지난번 만났을 때 이걸 자네한테 준다는 걸 깜빡 잊었어. 잘 생각해 보게. 고민이 있으면 언제라도 찾아오고."

카드의 앞뒷면에는 글이 쓰여 있었다. 위는 인도자가 내민 카드를 자세히 살펴보았다.

"고문님, 여기 괄호 안의 빈 칸은 뭡니까?"

인도자가 짓궂어 보이는 웃음을 지었다.

"그건 숙제야. 스스로 찾아야지. 세상에 공짜가 어디 있나."

인도자는 비상계단 쪽으로 사라졌다.

배려

첫 번째 카드

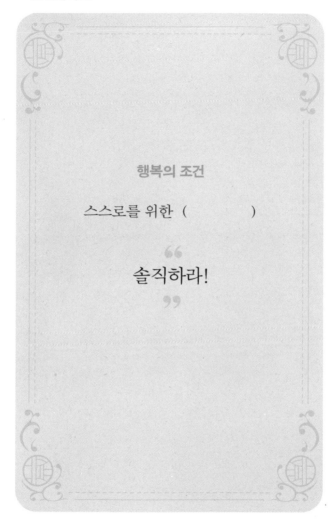

행복의 조건

스스로를 위한 (   )

"
솔직하라!
"

실패의 원인 중에서
자신을 알지 못하는 것보다
더 큰 것은 없다.

敗莫大於不自知

— 여불위의 『여씨춘추』

속이지 않는다.

莫欺心

— 퇴계 이황의 『활인심방』

2부

즐거움의 조건

상대의 관점으로 바라보기

"저도 이제부터 현장에 나가겠습니다. 업무를 배정해주십시오."

그 말에 공자왈이 미소를 머금었다.

"위 차장은 아직 현장 분위기에는 어색할 겁니다. 며칠 동안은 후배들과 함께 다니면서 분위기를 파악해보세요. 업무영역은 그 다음에 재조정하는 게 어떻겠습니까?"

인도자의 말대로 일에서 재미를 찾는 것도 괜찮은 방법일 것 같았다. 최소한 일에 몰입하는 순간만큼은 아내와 아이 생각이 떠오르지 않을지도 모른다. 하루에도 몇 번씩 예고 없이 찾아오는 아내의 원망 섞인 눈초리가 그를 아프게 했다.

액면 그대로 믿을 일은 아니지만, 철혈 또한 그러지 않았던가. '업무를 빨리 익혀서 열심히 하라' 고. 일을 맡아서 노력하다가 상황에 맞춰 처신하면 진퇴양난에서 벗어날 기회를 잡을지도 모른다고 그는 결론지었다.

"그러게요. 정말 큰일입니다. 땅 덩어리는 좁은데 점점 경쟁만 치열해지니까 사는 게 갈수록 힘들어지는 것 같아요."

명함수집가는 간혹 그렇게 맞장구를 쳤다. 고객사 과장이 신이 나서 이야기를 이어갔다.

"처남이 치킨집 망한 뒤로는 피자 배달 전문점을 알아보고 있는데 그것도 쉽지 않다고 해요. 괜찮은 브랜드는 밑천이 3억 이상 든다는데 돈은 없고…. 저도 도와주고 싶지만 형편이 돼야 말이죠."

두 사람의 대화는 끝없이 이어졌다. 과장 처남의 사업 패망기로 무르익은 이야기는 어느덧 주제가 낚시로 바뀌었다.

"그 낚시터는 주인이 참 좋아요. 주인이 찍어주는 목에 가보면 틀림없어요. 팔뚝만 한 붕어가 펄떡펄떡 나온다니까요. 손맛이 기가 막히죠."

"거기가 어디죠? 여기에 지도 좀 그려주세요. 이번 주말에 가봐야겠네요."

배려

위는 이해할 수 없었다. 40분이 넘도록 업무와 무관한 얘기들이 오가고 있었다. 준비해간 제안서에는 관심도 없는 듯했다. 위는 조바심이 났다. 저렇게 잡담만 하다가 언제 제안서 내용을 설명하고 향후 일정을 잡는단 말인가. 명함수집가에게 눈짓을 보냈으나 소용이 없었다.

두 사람은 한 시간쯤 지나자 잡담을 멈추고 주제를 서류 내용으로 돌렸다. 두 사람 사이에 잠시 업무와 관련된 대화가 오갔다. 고객사 과장은 몇 가지 의문사항을 명함수집가에게 물었고, 명함수집가가 설명을 해주자 고개를 끄덕였다.

"예, 좋습니다. 제 생각에는 좋은 조건인 것 같네요. 프레젠테이션은 다음 주 수요일 오후 2시인 거 아시죠? 결과는 그 다음 주 월요일이면 나올 겁니다. 이사회가 그날 있으니까요."

위는 차문을 닫으며 명함수집가를 힐난했다.

"너는 왜 그 모양이냐? 쓸데없는 소리 하느라 시간만 낭비했잖아. 시간 아까운 줄 알아야지. 그렇게 허송세월하다가는 120억은커녕 50억도 못하겠다."

내친 김에 평소 못마땅하게 생각했던 것들을 들추어내면서 명함수집가를 나무랐다. 한번 외출하면 저녁 무렵에야 돌아오는 것도 그랬고, 사무실에 있을 때는 허구한 날 명함첩이나 뒤적거리다가 전화 걸어 노닥거리는 것도 못마땅했다. 명함수집가는 대꾸가 없었다. 앞을 바라보면서 운전만 할 따름이었다.

"너뿐만이 아니야. 1팀 업무 관행 전체가 비효율 덩어리라고. 그러니까 위에서도 1팀을 문제부서로 보는 거야."

"위 차장님이 위에서 그렇게 보셨군요."

명함수집가가 웃으며 말을 받았다. 교통체증에 걸렸다. 차들이 가다 서다를 반복하기 시작했다. 명함수집가가 입을 열었다.

"저는 고등학교에 다닐 때까지 학교에서 알아주는 문제아였어요. 처음에는 싸움을 자주 했는데요, 시간이 지나면서 싸움을 걸어오는 애들도 없었죠. 선배들도 저는 건드리지 못했어요. 성질이 대단했으니까요."

위가 말꼬리를 잘랐다.

"그래서? 지금 나한테 협박이라도 하는 거야?"

말을 해놓고 보니 썰렁해졌다. 실없는 농담에 둘은 함께 웃었다.

"그러다가 어떤 계기로 마음을 고쳐먹었죠. 죽어라 공부를 했어요. 성적이 부쩍 올랐죠. 그런데 어느 정도 성적이 오른 다음에는 이상하게도 더 나아지지 않더라고요. 그동안 놀았던 것을 만회하려면 상위권까지 올려야 했는데 그게 안 되더라 이겁니다. 시험이란 게 갈수록 어려워지기만 했죠."

또 동문서답이었다. 그러나 위는 어느 정도 단련이 되어 있었다.

배려

"담임선생님께 여쭤봤죠. 선생님이 그러시더군요. '네 관점에서 보지 말고 상대방의 관점에서 봐라. 출제자의 의도를 파악하면 어려운 문제란 없다.' 저는 그게 별것 아닌 줄 알았죠. 그런데 그게 마술이더군요. 관점만 조금 바꿨을 뿐인데 이상하게 문제가 술술 풀리는 겁니다. 더 이상한 건, 출제자 관점으로 공부를 하니까, 나올 만한 문제들이 훤히 보이기 시작했습니다."

"그건 당연한 거 아냐? 선생님들은 원래 다들 그렇게 말씀하시잖아."

"그런가요? 어쨌든 제가 대학에 합격했을 때 주변에선 '개천에서 용 났다'고 난리가 났었죠. 대학생이 되고 나서 첫 번째 스승의 날에 그 선생님을 찾아가서 '인간 만들어주셔서 감사하다'라고 말씀드렸죠. 그랬더니 선생님이 또 그 말씀을 하시더군요."

"출제지의 관점에서 보라는 거?"

"예, 비슷해요. '세상 이치는 시험 문제를 푸는 것과 같다. 상대방의 관점에서 보려고 노력하면 풀리지 않는 일이란 없다.' 이렇게 말씀하셨죠. 선생님의 가르침이 제 인생을 바꿔놓았죠. 그래서 그 말씀을 지키면서 사는 게 제 신념이에요. 차장님이 저한테 쓸데없는 소리만 한다고 하셨잖아요. 그렇지만 아까 그 박 과장님 입장에서 보면 그런 얘기들이 쓸데없는 것만은 아닐 수도 있죠."

위는 할 말을 잃었다.

'그 얘기를 그렇게도 해석할 수 있나?'

위도 학창시절에 선생님들로부터 그런 말씀을 숱하게 들었다. 출제자 관점에서 문제를 보는 것은 곧바로 정답에 이르는 지름길이었다. 그러나 그것은 어디까지나 학창 시절의 얘기일 뿐이었다.

시험문제는 단순하고 정직해서 뒤통수를 치지는 않는다. 하지만 세상은 학교와 다르다. 자칫 허점을 보이면 그 틈을 비집고 들어와 뒤통수를 치는 곳이 우리가 살고 있는 세상이다. 이토록 험한 세상에서 어떻게 남의 입장까지 헤아리면서 살자는 것인가.

회사에 도착했다. 명함수집가는 회사 정문 앞에 차를 세워주지 않았다. 사거리 모퉁이를 돌아 회사 후문 쪽 주차장 입구에 이르러서야 위를 내려주었다. 회사 현관까지 꽤 걸어야 했다. 위는 회사 업무용 차량을 이용하거나 택시를 탈 때면 언제나 정문 앞에서 내리곤 했다.

"앞에서 그냥 내려주면 되지, 왜 뒤로 돌아와서 귀찮게 하나?"

위가 볼멘소리를 했다.

"정문 앞에서 내려드리면 차장님은 편하실지 모르지만 뒤에 따라오는 차들이 불편하잖아요. 한 사람이 편하려고 여러 사람을 불편하게 하는 건 잘못된 거죠."

배려

거실 탁자에는 아직도 그 우편물이 놓여 있었다. 그는 짐짓 모른 체했다. 외면하고 싶었다. 아내에게서는 그 후로 연락이 없었다.

위는 텔레비전을 켰다. 드라마에서 여주인공이 눈물을 쏟고 있었다. 평소에 보지 않던 것이어서 생소하기만 했다. 그는 드라마를 건성으로 보다가 우편물 옆에 놓여 있는 책을 펼쳤다. 여주인공의 울음소리 때문에 책에 집중하기 어려웠지만 텔레비전을 끄기도 싫었다. 텔레비전 소리마저도 없다면 집안의 정적이 와락 달려들 것만 같았다. 그는 처음 글을 배운 아이처럼 소리내어 책을 읽기 시작했다.

"일상은 날마다 당신이 선택해 입는 속옷과도 같다. 당신이 어떤 것을 고르느냐에 따라 당신의 하루가 바뀐다. 중요한 것은 당신의 선택이다."

'그래, 구구절절 다 옳은 말이지.'

텔레비전을 켜놓은 채 책과 씨름하다 깜빡 잠이 든 모양이다. 꿈결인지 귀에 익은 음악에 눈을 떴다. 텔레비전에서는 영화가 방영되고 있었다. 아내와 처음으로 봤던 영화였다. 그는 쓴웃음을 지었다.

아내는 기획실 사람들에게도 사랑을 받았다. 결혼 후 그의 첫

생일, 아내는 회사로 떡을 보내왔다. 오후 4시쯤 출출한 시간이었다. 그녀도 광고회사에 다니고 있어 바쁘던 때였다.

선후배들이 떡을 나눠 먹으며 엄지손가락을 추켜세웠고, 위는 그런 아내가 자랑스러웠다. 아내는 남편의 주변사람들까지 챙겨가며 남편을 위할 줄 아는 현명한 여자였다. 그랬다. 아내는 언제나 그의 입장을 먼저 생각해주곤 했었다. 남자들의 체면을 이해해주는 여자였던 것이다. 그런 아내가 왜 그처럼 모질게 바뀐 것일까? 결국 내 탓인가? 위는 자괴감을 떨칠 수 없었다.

자명종이 울렸다. 그는 침대에서 벌떡 일어났다. 주방으로 가 냉장고를 열고 생수를 꺼내 마셨다. 볕이 잘 들지 않아 형광등을 켜지 않으면 한낮에도 어두운 서재에서 빛이 새어나왔다. 들어가 보니 컴퓨터 모니터 불빛이었다.

'내가 컴퓨터를 켜놓고 잤나?'

그는 컴퓨터 전원을 끄고 출근 준비를 하기 시작했다.

배려

마음을 움직이는 힘

"지금까지 발표한 내용을 요약해서 말씀드리면 이렇습니다. 고객사들이 원하는 것은 각각의 실정에 최적화되어 있는 시스템 체계입니다. 그런데 불행하게도 우리가 제공한 시스템과 솔루션이 그런 요구를 제대로 소화하지 못했다는 것이 고객들의 불만사항입니다. 또 한편으로 고객사들은 자신들의 고객에게 열려 있는 고객만족 솔루션을 원하고 있습니다. 회사 주도형이 아닌 고객 주도형 시스템인데요, 두 가지 수요를 결합한 프로젝트를 진행한다면 보시는 바와 같이 고객사들의 만족도가 크게 높아질 것입니다."

조구라가 확신에 찬 눈빛으로 좌중을 둘러보며 말했다. 임원들은 일제히 고개를 끄덕였다. 앙 사장도 통역을 통해 이야기를 들으며 수긍하는 눈치였다. 앙 사장의 파란 눈이 호기심으로 반짝였다. 앙 사장은 합작선에서 파견한 본사 경영진이었다. 헨리(Henri)라는 이름의 프랑스계 미국인인데, 프랑스 핏줄이라는 점을 강조하고 싶었는지 '앙리'라고 불리는 것을 좋아했다. 임직원들은 그를 '앙 사장'이라고 불렀다.

고객사들의 불만이 높다는 사실과 그 근거가 되는 적나라한 통계를 처음 접한 임원들은 적잖이 놀라는 눈치였다. 그 같은 불만을 적극 수용해 새로운 사업기회를 모색하겠다는데 반기지 않을 이유가 없었다.

"그럼 1팀 주도로 최적화 시스템과 고객 주도형 시스템을 결합하는 쪽으로 해보는 게…."

기획실장이 임원진의 눈치를 살피다가 마무리를 하려고 했다.

"잠깐만요. 중대한 결함이 있습니다."

외국물이었다. 외국물이 앙 사장을 쳐다보더니 말했다.

"클라이언트들을 대상으로 서베이를 한 결과라고 하는데요, 저는 크레더블한 데이터가 아니라고 봅니다. 1팀의 특색이 모호해서 그런지 클라이언트들도 모호한 것을 좋아하는 모양입니다. 제가 보기에는 시스템을 제대로 활용하지 못해서 생긴 클레임입니다. 우리는 향후 커지게 될 마켓에 주목해야지, 지나온 길

배려

을 거슬러 올라가는 퇴행적 마케팅에 주목해서는 안 됩니다. 다시 돌아가서 남의 뒤치다꺼리나 하기에는 시간이 너무 아깝습니다. 최근 『하버드 비즈니스 리뷰』에 실린 아티클을 보면…."

외국물의 강의는 한참동안 이어졌다. 미국 명문대 경영학 박사답게 나양한 최신 이론을 소개하며 참석자들의 얼을 빼놓았다. 임원들은 안색을 바꾸었다.

외국물의 주특기는 '화려한 수사로 포장한 지식 자랑'이었다. 처음 들어보는 난해한 이론에 유창한 영어를 버무려 달변으로 쏘아댔다. 웬만한 사람들은 외국물 앞에서 주눅이 들곤 했다. 최근 세계적 환경이 그렇게 바뀌어가고 있다는데 뭐라고 토를 달기가 어려웠다.

조구라가 외국물의 최신 이론 소개를 듣고 나서 말했다. 여유로운 표정이었다.

"명 부장님께서 날카로운 지적을 해주셨습니다. 동감합니다. 저희는 그래서 더욱 이번 프로젝트가 필요하다고 제안하는 겁니다. 고객사 이용자들의 답변은 주관적일 수밖에 없습니다. 그분들이 우리 시스템을 이용하면서 느낀 점을 토로한 것이니까요. 또한 그분들이 제대로 활용하지 못했다는 점은, 우리가 반성해야 할 부분입니다. 사후 지원이 미흡했다는 점이 드러난 셈이죠. 명 부장님 말씀대로 조만간 시장이 크게 확산될 것이라면,

그렇기 때문에 더욱 이번 프로젝트를 수행해야 할 이유가 있다고 봅니다. 고객사들의 신뢰를 얻지 못한 상태에서 새로운 시스템 도입만을 제안하는 것은 한계가 있을 수밖에 없지요."

외국물이 말을 잘랐다.

"현실성이 없습니다. 클라이언트들은 옵티마이제이션(최적화) 정도에 코스트를 낭비하지 않으려고 할 겁니다. 자체 개발한 솔루션을 함께 제안해봐야 번들(끼워 팔기)이라고 생각해서 네고를 하려고만 할 겁니다. 회사에 실익이 없는 플랜입니다."

조구라가 서글서글하게 웃으면서 답변했다.

"네, 맞습니다. 그럴 수도 있죠. 그런데 제가 이런 자리에 처음 서다 보니까 다리가 후들거려서 깜빡했습니다. 이 자료를 나눠드리지 못했군요. 이걸 보십시오."

명함수집가와 요술공주가 준비한 별도 자료를 배포하기 시작했다. 자료를 받아 본 임원들의 눈이 놀라움으로 가득 찼다. 위는 회심의 미소를 지었다. 외국물은 자료를 넘겼다가 다시 보기를 반복하고 있었다. '그럴 리가 없다'는 투였다.

"1팀 전 직원이 나서서 37개 기존 고객사 및 78개 잠재 고객사 실무자들을 대상으로 조사한 결과입니다. '효율화를 위해 기꺼이 비용을 치르겠다'는 쪽이 대세입니다. 고객사 담당자들도 내부 고객들 등쌀에 시달리고 있기는 우리와 마찬가지입니다.

배려

명 부장님 말씀대로, 우리 회사 입장에서 보면 이번 프로젝트는 수익성이 대단히 높지는 않을지도 모릅니다. 그렇지만 고객사 입장에서는 절실하게 필요한 부분입니다. 그런 필요성을 애써 무시하면서 고객을 위해 일한다고 자부할 수 있을까요?"

"그래도 이건 너무 비효율적인…."

외국물이 다시 반박하려는 순간, 철혈이마가 손을 들어 저지하고 나섰다. 철혈이 입을 열었다.

"저는 프로젝트 1팀의 제안에 동의합니다. 아주 좋은 아이디어입니다. 속히 시행해야 한다고 생각합니다. 다만 사안이 중대한 만큼 1팀 차원에서 그치지 않고, 전사적 차원으로 확대해야 할 것입니다."

신규사업본부장인 철혈까지 역성을 들자 회의 분위기는 금세 1팀의 제안을 승인하는 쪽으로 기울었다. 외국물이 현학적인 전문용어를 써가며 안간힘을 썼지만 이미 기울어진 분위기를 뒤집을 수는 없었다. 철혈이 앙 사장에게 뭐라고 귓속말을 하자, 앙 사장이 자리에서 일어나 퇴장했다.

회의는 끝났고 조구라는 스타가 되었다. 기획실장을 비롯한 몇몇 임원이 이름을 묻고 악수를 청하는 것으로 보아 조구라의 발표에서 깊은 인상을 받은 것 같았다. 조구라는 감격에 겨운 표정이었다.

위는 화장실에서 철혈과 마주쳤다.

"위 차장, 이번 프로젝트는 자네 아이디어지?"

"아뇨, 저는 그냥 구경만 했는데요. 제가 이쪽 업무에 대해 뭐 아는 게 있나요?"

위는 기겁하며 손사래를 쳤다. 철혈이 1팀 제안에 찬성했다고는 하지만, 그 속내를 알 수 없는 상황이었다. 따라서 자신의 역할을 노출시키는 것이 좋지 않을 수도 있다는 직감이 들었다.

"아냐, 이건 분명 자네 솜씨야. 자네가 각본을 짠 게 틀림없어. 조 대리라는 녀석이 그렇게 정교하게 준비했을 턱이 없지. 스타일이 예전의 방식과는 조금 다르지만, 한방을 남겨놨다가 결정적인 순간에 터뜨려서 상황을 장악하는 게 전형적인 자네 솜씨야. 아니, 예전보다 나아진 것 같은데. 반대의견까지 소화해서 감아치는 것 말이야."

"상무님도 참, 제가 1팀에 온 지 겨우 한 달인데 아는 게 있어야 재주를 부리죠. 제가 아니라니까요."

"좋아, 좋아. 하여간 열심히 하라고. 나는 자네한테 거는 기대가 크니까."

철혈은 어깨를 툭 치더니 화장실을 빠져나갔다. 위의 머릿속에 뭔가가 스쳐갔다. 철혈이 자신에게 원하는 것이 무엇인지 알 것 같았다. 하지만 그는 '그럴 리가 없다'며 고개를 저었다.

배려

1팀 멤버들이 회의실에 모였다.

"외국물 코가 납작해진 것 보셨죠? 저는 10년 묵은 체증이 다 내려가는 것 같더라니까요. 혀 꼬부라진 소리로 매일 잘난 척만 하다가 이번에 우리한테 된통 당했으니 깨소금 맛이네요."

조구라가 떠들어댔다.

"지금까지도 실감이 안 날 정돕니다. 동네북처럼 두들겨 맞기만 했는데, 이렇게 너무 쉽게 통과되고 나니까 허무하기까지 합니다. 어쨌든 위 차장이 구원투수로 적절하게 우리 팀에 온 것 같습니다. 조 대리도 수고했고요. 두 분께 박수 한번 보냅시다."

직업조문객의 말에 팀원들이 일제히 박수를 쳤다. 박수가 끝나기를 기다려 공자왈이 입을 열었다.

"우리 제안이 채택된 것은 우리가 상대방의 마음을 움직일 수 있는 방안을 제시했기 때문입니다. 고객사들의 요구를 이해하고, 그것을 경영진의 입장에서 재해석한 것이 주효했다고 봐야 합니다. 앞으로도 고객사의 의견을 존중하다 보면 우리에게도 좋은 일이 많이 일어날 겁니다."

'쳇.'

위는 속으로 혀를 찼다. 자신이 조구라를 도와 기획 자료를 만든 것은 남의 마음을 움직이거나 남을 존중하기 위해서가 아니었다. 유능한 기획자라면 공략 대상의 구미에 맞추되, 적절하게 어르고 달래는 기술을 구사함으로써 백기를 들게 하는 노하우를 갖는 것이 당연하지 않은가.

회의는 모처럼의 성공에 고무되어 끝났다. 위가 회의실에서 나오는데, 공자왈이 붙잡았다.

"위 차장, 오늘 점심 약속 있나요?"

"아뇨. 구내식당에서 먹으려고 했는데요."

"잘됐습니다. 같이 좀 나갑시다. 소개해줄 사람이 있어요."

위가 공자왈과 함께 회사 후문 쪽으로 나가는데 회장이 주차장 앞에 서 있었다. 두 사람은 동시에 인사를 했다. 그러나 회장은 그들을 못 본 것 같았다. 누군가를 발견하더니 종종걸음으로 다가가 악수를 하는 것이 보였다. 상대는 위 또래로 보이는 젊은 사람이었다.

"VIP인 모양이죠? 회장님이 이렇게 추운 날씨에도 주차장까지 마중 나오신 걸 보면." 위가 물었다.

"T사 사장님입니다." 공자왈이 대답했다.

"T사라면 우리 협력사 아닙니까? 조그만 회사일 텐데요."

위는 어리둥절한 표정으로 공자왈을 바라보았다. 연간 매출이

배려

1천억을 넘는 회사 대표가 군소 협력사 사장을 맞이하기 위해 주차장까지 나와 기다린다는 사실을 도무지 이해할 수 없었다.

"몰랐나요? 그게 우리 회장님 스타일입니다. 매번 저렇게는 못하시지만 손님을 맞이하는 데 최선의 노력을 다하시죠."

생각해보니 후문 주차장 근처에서 회장의 모습을 자주 본 것 같았다. 그때는 별 생각 없이 지나쳤는데, 알고 보니 회장에게 저런 면이 있었던 것이다.

"업계에서 회장님의 신망이 높은 것도 저런 세심한 마음 씀씀이 때문이겠죠. 회장님 시각에선 주차장까지 내려와 기다리는 게 아무것도 아닐 수 있습니다. 하지만 받아들이는 입장에선 감동적이죠. 하루 이틀도 아니고, 수십 년을 저렇게 살아오셨으니 정말 대단한 분입니다."

위의 삐딱한 기질이 발동했다.

"사람들에게 잘 보이려는 계산 때문에 저렇게 하시는 건 아닐까요? 일종의 이미지 관리로 보이는데요."

공자왈이 너털웃음을 터뜨리면서 대답했다.

"허허. 만일 그렇다면 더욱 대단한 거죠. 그런 계산으로, 마음에도 없는 일을 수십 년이나 반복한다는 것만 해도 존경받을 일 아닙니까? 그럴 수 있는 사람이 세상에 얼마나 될까요?"

이번에는 말문이 막혔다.

사람을 위한 경영

식당 구석에서 중년 사내가 손을 번쩍 치켜드는 것이 보였다. 어디선가 본 듯한 사람이었다. 사내는 두 사람이 다가가자 공자왈의 옆구리를 툭 치며 소리쳤다.

"야, 이 인간아! 형님을 봤으면 인사를 해야지."

공자왈이 사내에게 위를 소개했다. 위는 명함을 받으면서 '아' 하고 탄성을 질렀다. 사내는 J그룹 주력사의 구매 총책임자였다. 위는 전문매체 등을 통해 그 사람의 인터뷰 기사를 여러 차례 본 적이 있었다. 공자왈이 이런 거물과 친구라는 사실이 놀라울 따름이었다.

식사를 끝내고 커피전문점으로 자리를 옮기자 거물이 손을

배려

내밀면서 말했다.

"자료 좀 줘봐."

공자왈이 가방에서 서류를 꺼내 건넸다. 제안서였다. 위는 깜짝 놀랐다. 1팀은 J그룹에 대한 프로젝트를 준비한 적이 없었다. J그룹은 일찌감치 전문 계열사를 세워 그 회사에 모든 업무를 맡겨놓고 있었다. 그런 J그룹을 공략하려는 시도는 애초부터 불가능한 일이었다.

"위 차장이 설명을 해드리세요."

공자왈이 말했다. 제안서를 힐끔 보니, 자신이 제안했던 프로젝트를 J그룹 주력사의 실정에 맞게 변형시킨 내용이었다. J사에 대한 정보는 공자왈이 거물을 통해 입수한 것 같았다.

거물이 위의 설명을 들어가며 서류를 넘겨본 후 말했다.

"괜찮은데. 신선하기도 하고. 그런데 빌주를 크게 하기는 솜 어려울 것 같다. 아무래도 시범적으로 하는 거니까 일단 한 군데 적용해보고 상황을 지켜봐야겠지."

공자왈이 정색을 하고 말했다.

"내가 친구라고 해서 우리 쪽으로 결정하는 거라면 다시 생각해봐라. 너희 실무자들 생각은 다를 수도 있잖아. 괜히 일이 잘못 풀리기라도 하면 네가 책임을 뒤집어쓸지도 몰라. 공과 사를 분명히 하자고. 난, 솔직히 네가 걱정된다. 계열사에서 가만히 있지 않을 텐데."

거물이 코웃음을 쳤다.

"내가 너한테 도와달라고 한 건데 무슨 소리야. 부회장님 비밀 지시사항이라고 이게. 계열사에 통째로 맡겨놓다 보니까, 이건 우리가 서비스를 받는 게 아니라 숫제 상전을 모시는 거더라고. 그룹 차원에서도 능력이 떨어지는 부분에 대해서는 과감하게 아웃소싱을 해서 경쟁체제를 도입하자는 얘기가 오가는 판인데 뭘. 그래서 주력사인 우리가 선발타자로 나선 것뿐이야."

위는 공자왈이 놀랍기도 하고 이상하기도 했다. 만일 J사 사업을 따낸다면, 그것은 당장 급한 매출을 올리는 것 이상의 의미가 있다고 볼 수 있었다. J사로부터 사업을 수주했다는 사실이 알려질 경우 회사의 이름값이 금세 상한가로 치솟을 것이었다. 그런데도 공자왈은 절호의 기회를 팽개치려고 기를 쓰는 것처럼 보였다.

위는 그런 공자왈이 이상하기만 했다. 그래서 거물과 헤어져 돌아오는 길에 따져 물었다.

"부장님, 호박이 넝쿨째 들어왔는데 왜 그걸 버리려고 하십니까? 저로선 납득할 수 없습니다."

공자왈이 대답했다.

"공과 사는 엄밀하게 구분해야 합니다. 그리고 저 친구가 난

배려

처해질지도 모르는데, 그게 더 큰 걱정입니다. 나 때문에 그 친구가 어려워진다면, 결국 내가 힘들어지는 것이나 마찬가지 아니겠습니까."

위가 다시 물었다.

"친구도 친구지만 우리 사정이 급하지 않습니까. 일단 우리부터 살고 봐야 할 것 아닙니까. 그리고 사람 사는 세상이란 게 다 그런 거죠. 이용하기도 하고 이용당하기도 하는…."

공자왈이 웃으며 말했다.

"사람은 이용할 수 있는 도구가 아닙니다. 모든 사람은 서로 다릅니다. 같은 길을 가려면 각자의 필요와 희망이 일치해야 합니다. 물론 먼 길을 가는 데 희망이 같다면 더 좋겠죠. 필요는 일시적일 수도 있으니까요. 그런데 그런 선택은 각자가 내리는 겁니다. 그래서 사람을 이용한다는 것은 틀린 말입니다. 사람을 이용할 수 있다는 일부 사람들의 잘못된 신념 때문에 다수가 불행해지지요."

또 뻔한 얘기였다. 위는 시대착오적 사고를 하는 공자왈에게 연민을 느꼈다. 윗사람이지만 할 말은 해야겠다고 생각했다.

"부장님, 제발 공자왈 맹자왈은 그만해주셨으면 좋겠습니다. 요즘 세상에 그런 말씀이 어디 먹히기나 합니까? 다 아는 뻔한 얘기들 아닙니까. 저는 마음이 어떻고 마음의 부자가 어떻고 하는 말만 들으면 두드러기가 나는 사람입니다. 제발 그만 좀 하세요. 팀 사람들도 싫어하잖습니까."

공자왈이 갑자기 방향을 바꾸어 회사 건물 옆의 작은 공원으로 들어섰다. 그러고는 차가운 벤치에 앉았다. 위는 말을 너무 심하게 한 것 아닌가 후회했다. 그러나 이미 엎질러진 물이었다.

"위 차장."

공자왈이 뭔가를 생각하더니 입을 열었다.

"우리나라의 대표적인 경영자들이 첫손가락에 꼽는 필독서가 뭔지 아나요?"

"글쎄요. 경영학에 관련된 책 아닐까요?"

"아닙니다. 공자의 제자들이 기록한 『논어』입니다. 우리 경제를 이끌어온 거목들은 거의가 『논어』 애독자였습니다. 지금 내로라하는 경영자들도 그렇지요. 우리 회장님도 나와 같이 『논어』 강독회 멤버로 활동하고 계십니다."

"『논어』에 뭔가 대단한 내용이 들어 있나요? 그저 낡은 도덕 교과서 같은 것 아닙니까?"

위가 한풀 꺾인 표정을 지으며 묻자 공자왈은 빙그레 웃으며 말했다.

"『논어』는 인간과학을 집대성한 것입니다. 모든 과학이 여기에서 출발합니다. 정치나 경영도 마찬가지죠. 『논어』의 핵심 키

배려

워드는 '인(仁)' 입니다. 전체 내용 중에서 105차례에 걸쳐 인을 언급하고 있죠. '인' 이란 게 뭘까요?"

"어진 마음 아닙니까."

"그렇죠. 그 뜻은 누구나 알고 있지만 깨닫는 사람은 별로 없습니다. '깨닫는다' 는 말에는 아는 것을 실천하며 끊임없이 개선해 나간다는 의미가 내포되어 있습니다. 인생은 깨달음에 의해서만 바뀝니다. 지식인은 우리 주변에 많습니다. 그렇지만 지혜로운 사람은 적은 게 현실이죠. 공자께서 이렇게 말씀하셨습니다. '말하고자 하는 바를 먼저 실행하라. 그런 다음 말하라' 고 말이죠. 『논어』는 실천과학입니다. 위 차장이 생각하는 것처럼 마음만을 강조하지는 않습니다."

공자왈이 기침을 하더니 말을 이었다.

"'인(仁)' 이라는 글자는 '사람 인(人)' 변에 '두 이(二)' 가 결합된 것입니다. 사람이 둘만 모여도 서로를 위해 해야 할 것이 있는데, 그것은 곧 상대방의 입장에서 생각하는 마음씨라는 겁니다. 그렇게 위하는 마음이 바로 인입니다. 아시겠습니까?"

"그게 경영과 무슨 관계입니까?"

"『논어』는 방대한 내용을 담고 있지만 핵심은 간단합니다. 나의 삶을 잘 살아가며, 남과 조화를 이루고, 결국 좋은 세상을 만들어가는 지혜를 전해주고 있습니다. 『논어』는 사람의 관계를 다루고 있죠. 경영한다는 것 역시 사람의 관계에서 비롯됩니다. 경영자들은 지혜를 찾기 위해 『논어』를 벗 삼아 스스로를 계발하는 겁니다. 논어가 세상에 나온 지 2천5백 년이 넘었습니다. 놀랍지 않습니까?"

위는 수긍하지 않을 수 없었다. 하지만 따질 것은 따져야 직성이 풀렸다.

"그래도 우리 조상들이 공자왈 맹자왈에 현혹되었다가 나라를 망친 것은 사실 아닙니까?"

"선현의 가르침을 곡해해서 패거리의 이익을 추구했기 때문입니다. 그것은 지금도 마찬가지지요. 사업이라는 것은 결국 사람을 위한 것인데, 본말이 전도되어 사람은 사라지고 사업만 남는 경우가 허다하지 않습니까? 오로지 경쟁에서 이겨야 한다는 강박중에 쫓겨 출발점을 잊고 말았습니다. 수많은 경영이론과 지침이 매일 쏟아져 나옵니다. 하지만 그런 얄팍한 지식만 많으면 뭐 합니까?"

위가 생각났다는 듯 질문을 던졌다.

"회장님도 부장님과 함께 『논어』 강독회 멤버라고 하셨죠? 그럼 회장님께 잘 말씀드려서 우리 팀에 대한 구조조정 계획을 철회하도록 하는 게 어떨까요? 친분이 있으니까 들어주시지 않을까요?"

배려

공자왈은 빙그레 웃었다.

"그건 안 됩니다. 회장님도 나와 같은 생각을 하실 겁니다."

"공은 공이고, 사는 사라고요?"

"그렇죠. 그리고 회사 차원에서 결정을 내린 것은 우리에게 취약점이 있다는 반증이기도 합니다. 설혹 회장님이 손을 써서 구조조정이 철회된다고 해도 얼마 지나지 않아 또 다시 문제가 대두될 겁니다. 나는 위 차장이 우리 팀에 온 것이 천우신조라고 봅니다. 팀원들이 꾸준하게 일을 잘해왔지만 시너지를 낼 수 있는 기획력이 부족했던 게 사실이거든요."

위는 가슴이 뿌듯했다. 그러나 한편으로는 미안하기도 했다. 그는 사실을 털어놓을까 잠시 망설이다가 화제를 돌렸다.

"지금은 철혈 상무가 우리 편에 서주었지만 혹시 이번 프로젝트를 계기로 구조조정 계획을 백지화시키사고 하지는 않겠지요?"

공자왈의 얼굴이 굳어졌다.

"그건 그렇지 않을 겁니다. 오히려 일이 복잡하게 꼬일 수도 있다는 생각이 듭니다. 2팀이 어떻게 나오느냐에 따라 다르겠지만 가야 할 길이 더욱 험해질 가능성도 있습니다."

"그럼 우리 편을 들어준 게 속셈이 있어서 그런 거라고 보시는 겁니까?"

"짚이는 게 있습니다만, 지레짐작만으로 입 밖에 낼 순 없습니다. 다음에 기회가 되면 얘기하죠."

공자왈은 여전히 싸늘한 눈빛으로 허공을 바라보고 있었다. 어쩐지 낯설었다. 위는 분위기를 바꿔보려고 농담을 던졌다.

"부장님, 공자 말씀을 따르신다면 원수를 사랑하셔야 하는 것 아닙니까? 그런데 지금 부장님 표정은 전쟁터에 나가는 장군 같은데요."

공자왈은 미소를 띠며 말했다.

"공자는 그런 말씀을 하신 적이 없습니다. 공자에게는 적도 많았고 싫어하는 사람도 많았습니다. 공자는 싫어하는 것에 대해서는 단호하게 표현했습니다. 어쨌거나 우리는 지금 최 상무님과 반대 입장에 서 있습니다. 혼신의 힘을 쏟을 수밖에 없습니다."

"부장님 말씀을 들어보니 뭔지 모르지만 비밀병기가 있는 것 같은데요?"

공자왈이 고개를 돌려 위의 눈을 바라보면서 말했다.

"있죠. 위 차장이 바로 그 비밀병기 아닙니까? 특수사업을 맡아주세요. 우리가 살아남을 수 있는 길은 특수사업 섹터밖에 없습니다. 특수사업이 생존의 갈림길이 될 겁니다. 위 차장의 기획력이면 충분합니다."

배려

프로젝트 1팀에도 새해가 찾아왔다. 고객사들이 1팀의 제안에 계약으로 화답하기 시작한 것이다.

48억이면 출발 치고는 괜찮은 편이었다. 유지보수 예정수입 27억을 제외한 순계약은 21억 규모였지만, 내부 검토가 진행되고 있는 대형 고객사들까지 감안하면 상황이 날로 좋아지고 있었다. 위도 하루빨리 성과를 내고 싶었다.

대화는 무미건조했다. 위로서는 처음 맡은 고객사였다. 빨리 계약을 수주해야겠다는 마음이 앞섰다. 그러나 이야기는 겉돌기만 했다. 고객사 부장은 연거푸 하품을 해댔다.

"그러니까 이렇게 시스템을 개선한다면 여기서 발생하는 비용을 연평균 3퍼센트까지 줄일 수 있다는 말씀이죠?"

고객사 부장이 또 하품을 하면서 물었다.

"네, 그렇습니다. 저희가 제시한 데이터는 약간 보수적인 기준으로 되어 있습니다. 고객들에게 과장된 정보를 전달하는 것은 서로의 신뢰에 좋지 않으니까요."

두 사람은 자료에 버젓이 나와 있는 얘기를 반복하면서 그렇게 앉아 있었다. 위는 몸이 달았지만 고객사 부장은 나른하기만

한 모양이었다.

　바로 그때, 회사에서 나올 때 명함수집가가 등 뒤에 대고 했던 말이 떠올랐다.

　"그 양반은 테니스광이라고 하던데요. 오죽하면 우리끼리는 '테니스'라고 불러요."

　단조롭고 따분한 분위기를 바꿀 필요가 있었다.

　"저, 부장님. 혹시 테니스 좋아하십니까?"

　고객사 부장이 눈을 크게 뜨더니 반색을 했다.

　"테니스요? 좋아하죠. 아니, 사랑하죠. 테니스처럼 신사적인 운동이 어디 있겠습니까. 날씨가 춥지만 매일 아침저녁으로 하는데요. 위 차장님도 테니스 좋아하세요?"

　"예, 군대에 있을 때 테니스장 당번병이었습니다. 군대 생활 3년 동안 테니스만 치면서 보냈죠."

　"그럼 실력이 상당하겠군요. 저도 군대에서 테니스를 배웠습니다만. 군대 생활은 어디서 하셨어요?"

　"O사단에 있었죠."

　"앗! 저도 O사단이었는데요. ROTC 출신이거든요."

　테니스는 자신이 사단장배 테니스 대회에서 준우승했던 얘기를 꺼냈다. 볼펜으로 그림을 그려가면서 자신이 어떻게 서브를 에이스로 넣었고, 그럴 때마다 상대방이 어떻게 꼼짝도 못했는

배려

지 설명했다. 안타깝게도 결승전에서 국가대표 후보 출신을 만나 석패했다면서 무용담을 늘어놓았다.

위는 적당한 때에 추임새를 넣어 테니스를 거들었다. 어느새 분위기가 바뀌어 있었다. 테니스는 회의 테이블에 바짝 다가앉았다. 하품을 할 때와는 딴판이었다. 이제는 테니스가 말을 하는 입장이었고, 위는 그 이야기를 즐기는 처지가 되었다.

테니스를 둘러싼 대화가 다시 프로젝트 주제로 돌아갔다. 테니스는 졸음이 싹 가신 눈으로 제안서를 살펴보면서 위에게 질문을 했다. 위가 보충자료를 제시하면서 답변을 할 때마다 테니스가 그 내용을 제안서 귀퉁이에 열심히 메모했다. 테니스가 자료를 덮으면서 말했다.

"일단, 실무자인 제 입장에서는 좋습니다. 정리해서 기안을 올리겠습니다. 승인이 떨어지면 다음 일정을 잡아보지요."

위가 인사를 하고 일어서는데 테니스가 다시 말했다.

"소뿔은 단김에 뽑으라고 했는데 오늘 퇴근 후에 한 게임 어때요?"

마다할 이유가 없었다.

게임은 위의 압승이었다. 한동안 라켓을 잡지 못했지만 위의 테니스 실력은 여전했다.

군대 시절, 테니스라는 운동은 그에게 고역일 뿐이었다. 장교들은 시시때때로 찾아와 그에게 대결을 요구했다. 하루 열두 시간을 테니스 사역에 시달린 적도 있었다. 사역이 지겨워서 짐짓 져주기라도 하면 장교들이 화를 내곤 했다. 이기면 또 치자고 하고, 져주면 화를 내고. 위는 테니스가 지긋지긋했었다. 그런데 그런 테니스 덕분에 이런 기회를 만나게 될 줄은 상상도 해본 적이 없었다.

테니스도 군대 시절에 겪었던 장교들과 비슷했다. 첫 세트에서 싱겁게 이긴 위가 두 번째 세트에서 적당히 져주자 정색을 하고 말했다.

"위 차장님, 접대 게임을 하시는군요. 저는 그런 거 싫어합니다. 정정당당하게 겨루어야죠. 봐주지 마세요."

위가 그 이후 세 세트를 내리 따냈다. 추운 날씨에도 땀이 비 오듯 쏟아졌다. 테니스가 땀을 닦으면서 말했다.

"실력이 대단하시군요. 제가 졌습니다. 연습 좀 더 해야겠어요. 초보자들하고만 치다 보니까 자만에 빠진 것 같습니다. 다음 주에 다시 봅시다. 리턴매치를 해야죠."

게임에 이기니까 예상대로 '다시 치자'는 요구가 들어왔다. 그러나 군대 시절과는 달리 지겹게 느껴지지 않았다. 오히려 기분이 좋았다. 두 사람은 악수를 하고 헤어졌다.

배려

싸한 느낌이 혈관을 타고 흘렀다. 위는 자신도 모르게 진저리를 쳤다. 그건 하나의 깨달음이라 할 수 있었다.

'원래부터 이렇게 간단한 거야. 소통이란 상대방이 원하는 것을 주는 것이지. 그런데 나는….'

한 사람의 얼굴이 떠올랐다. 위는 핸드폰을 꺼내 단축번호를 눌렀다. 오랜 신호 끝에 그녀가 전화를 받았다. 그는 핸드폰에 매달려 턱걸이라도 하는 심정으로 말했다.

"내가 잘못했어. 마지막이라도 좋아. 한번만 만나줘."

반면교사(反面敎師)

　　　　직업조문객이 전화를 끊더니 위에게 회의실
로 오라는 눈짓을 보냈다. 잠시 후 공자왈도 따라 들어왔다. 회
의실 상황판은 62억 7천만 원을 나타내고 있었다. 남은 기한은
네 달. 두 달 만에 목표액의 절반을 달성했으니 전망은 밝았다.
직업조문객이 입을 열었다.

　"방금 Q사에 있는 대학 동기한테서 전화가 왔는데, 큰일입니
다. 2팀에서 제안서를 보냈다고 합니다. 우리 팀에서 제시한 것
보다 15퍼센트나 저렴하게 시스템을 구축해주겠다고 했대요."

　"무슨 소리야. 거긴 우리 영역인데 2팀이 얼쩡거리는 게 말
이 돼?"

배려

위가 말했다.

"내가 몇 번이나 다시 물었다니까. 우리 회사 맞냐고. 그랬더니 제안서에 프로젝트 2팀이라고 되어 있다는데."

위는 기가 막혔다. 있을 수 없는 일이었다. 그때 공자왈이 너털웃음을 터뜨리며 말했다.

"하하하, 그럴 줄 알았습니다. 그런데 15퍼센트라고요? 재미있군요."

"뭐가요?"

"최 상무님이 그때 회의에서 말씀하셨죠? 이번 건은 중대 사안이니까, 1팀 차원이 아니라 전사적 차원에서 확대 시행하겠다고요. 그 말씀이 바로 이거 아니겠습니까."

위는 자리에서 벌떡 일어섰다.

"이건 묵과할 수 없는 해사(害社) 행위입니다. 회사의 이익을 스스로 갉아먹는 거라고요. 제가 기획실에 가서 따져보겠습니다. 틀림없이 기획실에 올리지도 않고 멋대로 움직였을 겁니다. 기획실에서 알았다면 이런 짓을 용납할 이유가 없지요."

"기획실장한테 외국물 징계위에 올리라고 해라."

직업조문객이 거들었다. 공자왈은 여전히 웃고만 있을 뿐 말이 없었다.

위는 비서가 제지할 틈도 주지 않고 기획실장 방문을 열어젖혔다.

"오랜만이네."

위는 인사하자마자 본론부터 꺼냈다.

"실장님, 2팀이 우리 영역을 침범해서 고객사를 강탈하려고 합니다. 덤핑까지 치면서 저가 수주를 하려고 하는데요. 이건 명백한 해사 행위 아닙니까? 기획실에 보고도 안 된 거죠? 이래서 되겠습니까? 실장님, 빨리 어떻게 좀 해주세요."

실장이 눈을 동그랗게 뜨고 말했다.

"아! 그거? 신규사업본부 전체 차원에서 그렇게 하기로 한 거 아냐? 1팀에서 아이디어를 냈고 다같이 하기로 했잖아?"

"실장님, 2팀이 고객사한테 보낸 제안서 좀 보여주세요. 기획실에도 사본을 보내잖아요. 제가 보기에는 15퍼센트라는 할인율이 나올 수가 없어요. 그렇게 하면 회사가 손해를 볼지도 모른다고요. 그냥 두면 큰일납니다."

위는 철혈의 속을 알 수 없었다. 1팀은 철혈의 오늘을 만들어준 공신들이었다. 2팀이 생긴 이후 비교가 되면서 미운 오리 새끼로 낙인찍히기는 했지만 헌신짝처럼 버릴 대상은 아니었다. 그런데도 왜 그토록 권모술수까지 동원해가며 1팀을 없애려고 하는 것일까?

배려

실장이 난처하다는 표정으로 말했다.

"그건 안 되지. 자네는 지금 기획실 소속이 아니잖아. 여기서 자료를 볼 권한이 없어. 보고 싶으면 직접 2팀에 가서 요청하게."

"저희가 올린 프로젝트가 결과적으로는 회사에 누를 끼치게 되었는데 그냥 있으란 말입니까? 실장님도 아시잖습니까? 우리 마진율이란 게 뻔한데 어떻게…."

실장이 말을 막았다.

"우리가 바보인 줄 아나? 다 따져봤어. 이익이 나니까 내버려둔 것 아니겠어? 그리고 자네는 2팀이 영역을 침범했다고 하지만, 2팀 얘기는 전혀 다르던데 뭘. 1팀이 잘못해서 그걸 만회하느라고 그랬다던데?"

이때 노크 소리가 들리더니 외국물이 방으로 들어왔다. 셔츠 바람인 것으로 보아 위가 기획실장 방으로 쳐들어왔다는 소식을 듣고 허둥지둥 따라온 것 같았다. 기획실 내부의 끄나풀이 전화를 했겠지. 실장이 위에게 자료를 보여줄까 봐 그것을 차단하려고 등장한 것이 분명했다.

"오, 위 차장. 미스야(miss ya). 마침 여기 있었네."

위는 일어서서 인사를 했다. 그러나 불쾌한 기색을 감출 수는 없었다.

외국물은 외국에서 오래 생활한 사람답지 않게 '한국적 관행'

에도 능한 사람이었다. 회사에 특채로 입사한 뒤, 컨설턴트 출신 등을 끌어들여 프로젝트 2팀을 만드는 데 채 다섯 달이 걸리지 않았다. 인맥을 활용하고 만드는 데도 열심이었다. 초등학교 선후배를 넘어 동네 후배들까지 찾아내 온갖 모임을 만들곤 했다.

"부장님, 이건 너무한 것 아닙니까?"

"뭐가?"

외국물이 딴전을 피웠다.

"우리 팀 고객사를 빼가려는 것도 그렇지만, 이렇게 해서 회사에 뭐가 남겠습니까? 그리고 고객사들이 우리 회사를 어떻게 보겠습니까? 그런 건 생각 안 해보셨습니까?"

"처음부터 일을 잘 처리했으면 우리가 그렇게 뒷수습하러 다녔겠어? 고마운 줄도 모르고 이거 원. 물에 빠진 걸 건져놨더니 보따리 내놓으란 꼴이구만. 알았어, 알았다고! 앞으로는 국물도 없을 줄 알아. 더 이상 1팀은 우리 회사 소속이 아닌 걸로 간주할 테니까 그렇게 알아."

위는 외국물을 노려보았다.

"우리가 뭘 잘못했다는 거죠?"

외국물이 이번에는 느물거리며 웃었다.

"1팀 다른 사람들은 몰라도 위 차장은 그럴 입장이 아닌 것 같은데? 난 실장님하고 할 얘기가 있거든. 자리 좀 비켜주지."

배려

외국물이 윙크를 하면서 말했다. 위는 벌떡 일어서서 방을 나섰다.

"그럼 2팀 제안서는 못 봤단 말이야? 조금만 더 졸랐으면 실장이 보여줬을 텐데. 외국물, 하는 짓이 어째 그렇게 여우 같냐."
직업조문객이 아쉬워했다.
"우리가 뭘 잘못했다는 거죠? 2팀이 뒷수습했다는 건 또 뭐고요?"
"모르겠습니다. 그건 대답 안 하더군요. 뭔지 모르지만 우리가 꼬투리를 잡힌 거 같아요. 그래서 앞으로는 그걸 구실로 더 노골적으로 우리 영역에 입질할 것 같습니다."
명함수집가가 계산기를 두드리다가 화제를 돌렸다.
"계산이 안 나오는데요. 우리가 매기는 가격보다 15퍼센트나 싸게 공급해준다는 것은 어불성설입니다. 어떻게 그게 가능하죠? 기획실에서 제동을 걸지 않았다는 건 그게 가능하다는 얘기인데 말입니다. 도무지 알 수가 없어요."
모두가 갖고 있는 풀리지 않는 의문이 바로 그것이었다. 회의실에는 잠시 침묵이 흘렀다.
"무례한 사람의 행위는 우리의 행실을 바로잡게 해주는 스승이 아니겠습니까?"

공자왈이 침묵을 깼다.

"우리 팀은 줄곧 기술지원본부 사람들과 사이가 좋았습니다. 앞으로는 더 친밀해져야 합니다. 현장 파견 엔지니어들을 자주 만나서 애로사항도 듣고 불만이 있으면 개선해주십시오. 고객사들에 대한 제안은 수정하지 않아도 될 것 같습니다."

조구라가 물었다.

"수정 제안을 안 한다고요? 그럼 특수사업 섹터를 빼고는 고객들 전부가 2팀 쪽으로 돌아설지도 모르는데요?"

위는 그 순간 눈을 크게 떴다. 떠오르는 장면이 있었다. 자기도 모르게 미소를 지었다. 공자왈과 눈이 마주치자 서로 싱긋 웃었다. 위가 마침내 푸하하 웃음을 터뜨리면서 말했다.

"부장님 말씀대로 하면 될 것 같습니다. 무례한 사람들 때문에 우리의 행실을 더 좋게 고치게 되었습니다. 2팀 관점에서 보면 뻔하거든요. 15퍼센트가 나올 구멍이야 뻔하죠. 여러분은 고객사에 다니면서 파견 엔지니어들하고 점심이나 같이 하세요."

철혈과 외국물이 1팀의 사업전략에서 빈틈을 파고든 것은 절묘한 선택이었다. 그러나 외국물의 지나친 욕심이 그것을 무위로 돌려 자승자박으로 이어질 것이 뻔했다. 2팀의 기습적인 반격에 대한 해소책은 철저하게 '그들의 관점' 에서 보는 데 있었다.

배려

책임에 대한 대가

뛰면서 시계를 보니 약속시간에서 40분이나 지나 있다. 1분 1초라도 빨리 도착해야만 한다. 그는 회의에서 먼저 일어서지 못한 자신을 책망했다.

아내가 기다려주지 않을 것 같아 가슴이 타들어가는 듯했다. 만일 그녀가 가버렸다면 이제 다시는 기회가 오지 않을지도 모른다. 그는 교차로 신호등 앞에서 멈춰 숨을 가다듬었다. 맞은편 커피전문점이 눈에 들어왔다. 그는 눈에 힘을 주고 안을 살폈다.

"오늘 저녁에 시간 돼? 옛날에 우리 자주 만나던 곳에서 볼 수 있을까?"

점심 무렵에 걸려온 아내의 전화. 그녀의 목소리는 여전히 건조했다.

창가에 뒤돌아 앉은 여자의 모습이 보였다. 아내다. 그는 신호등을 향해 눈을 부라렸다. 무슨 신호가 이렇게도 길까? 아내가 금방이라도 일어설 것 같아 조마조마했다. 아내를 만나러 가면서 그토록 가슴을 졸여보기는 처음이었다.

아내는 언제나 기다리는 쪽이었다. 두 시간이 넘게 기다리고도 그의 탓을 한 적이 없었다. 위는 그녀가 다니던 광고회사 부근에서 그녀를 기다린 적이 딱 한 번 있었다. 20분가량 늦은 그녀를 몰아세우기까지 했다. 그런 기억이 떠오르자 가슴이 아파왔다. 신호는 왜 이렇게 안 바뀌는 거야?

신호가 바뀐다. 그는 한달음에 커피전문점 안으로 뛰어들어갔다.

"미안해. 갑자기 회의가 생겼어."

대체 얼마 만에 해보는 사과일까? 그는 두뇌 속을 검색해보지만 이내 포기하고 말았다. 기억이 나지 않았다.

아내는 "응" 하더니 입을 다물었다. 사과를 받아들인다는 것인지, 그냥 하는 인사인지 분간이 가지 않았다.

"뭐 마실래? 여기 카푸치노 맛있는데…."

아내가 그의 눈을 보면서 말했다.

배려

"나, 커피 안 마시잖아."

그는 한방 얻어맞은 느낌이다. 그 충격에 미리 준비했던 각본이 송두리째 사라졌다. 그녀의 마음을 풀어주기 위해 머릿속으로 준비했던 말들이 놀란 비둘기 떼처럼 허공으로 흩어졌다.

그녀는 소췌해신 것 같다. 녹차를 한 모금 마시더니 인상을 찌푸렸다. 뜨거운 모양이었다. 그는 얼음을 받아와 그녀의 잔에 넣어줬다. 생각해보니 아내가 뜨거운 음료에 약했던 것 같다. 위는 한동안 눈치를 보다가 용기를 냈다.

"내가 잘못한 것들을 사과하고 싶었어. 그동안 진심으로 반성했고…."

그녀는 잔 안에서 녹는 얼음을 물끄러미 바라보고 있었다.

"내가 그때 왜 전화기를 던졌는지 모르겠어. 그러면 안 된다고 생각했는데 이렇게 하다 보니까…. 바로 잘못했다고 말하려고 했는데 기회를 놓쳤고, 또 살다보니까 그냥 잊혀질 것 같아서 그만…."

사과가 변명으로 넘어가려는 순간이다. 위는 흠칫 놀라며 고삐를 잡아챘다. 얼떨결에 내뱉어진 말이 때로는 제 멋대로 날뛸 때가 있다. 그것을 수습하려고 또 다른 말을 내놓게 되지만, 그것 역시 제어범위를 넘어선다. 그래서 계속 핑계로 덮으려 하다가 손쓸 수 없는 지경에 빠지게 되는 것이다.

아내는 듣는 것 같기도 하고, 듣지 않는 것 같기도 하다. 납작한 빨대로 얼음을 녹차 속으로 밀어넣는다. 위는 흡사 자신이 얼음이 되어 잠기는 기분이었다. 아내의 침묵에 숨이 막혔다.

"사실, 나는 빨리 성공해서 더 많이 벌고 싶었어. 네가 회사 그만둘 때 얼마나 아쉬워했는지 알아. 그래서 어떻게든 내가 두 사람 몫을 벌고 싶었던 거야."

가라앉은 목소리로 아내가 반문한다. 마치 스스로에게 묻는 것 같다.

"돈 때문이라고? 내가 돈 때문에 아쉬워했다고?"

"너는 남자들의 세계를 잘 몰라. 남자들의 사회는 약육강식의 정글이라고. 텔레비전 드라마처럼 웃고 떠들면서 대충 넘어가는 경우는 절대 없어. 강자가 되어야만 살아남을 수 있지. 내가 그렇게 산 것도 다 너랑 예나를 위해서 그랬던 거야."

아내가 묻는다.

"그럼 난 뭐지? 집에서 남편 월급날만 기다리는 사람인가? 하고 싶은 일을 어쩔 수 없이 그만둬야 하는 심정을 한번이라도 생각해본 적 있어? 내 꿈이 뭐였는지 기억은 하고 있는 거야? 난 회사를 그만둘 때도 희망이 있다고 믿었어. 당신도 있고 예나도 있으니까. 내 꿈을 우리 가족하고 맞바꾼다는 심정이었어. 그런데 왜 나만 포기하고 희생해야 하는 거지? 그 희생에 대한 대가

배려

가 뭐야? 당신한테 무시당하는 게 그 대가야? 당신의 마음속에 나라는 사람이 존재하기는 한 거야? 도대체 당신은 내가 뭘 원하는지 진지하게 생각해본 적 있어?"

위는 말문이 막혔다. 살얼음판을 걷는 느낌이다. 아내의 표정을 보니, 얼음판에 금이 가고 있는 것 같다. 이대로라면 곧 얼음이 깨질 것이다.

그는 대화 주제를 바꾸었다. 자신이 회사에서 처해 있는 어려움을 이야기했다. 차장으로 승진했는데 프로젝트 1팀으로 발령나는 바람에 딜레마에 빠졌다고 설명했다. 기획실로 돌아가자니 1팀 해체를 그냥 볼 수 없고, 그래서 1팀을 돕고는 있지만 잘못되면 회사에서 쫓겨날지도 모른다고 털어놓았다.

아내의 표정을 종잡을 수 없다. 공감하는 것 같기도 하고, 자기와는 상관없다는 것 같기도 하다. 아내가 시계를 보았다. 그만 일어서겠다는 뜻인 것 같다.

결국 그는 준비했던 말, '이제 그만 돌아오라'는 말을 꺼내지 못했다. 아내도 서류에 대해서 묻지 않았다. 그나마 다행이다.

그는 일어서는 아내를 좇아 커피전문점 밖으로 나왔다. 이렇게 헤어지는 것이 답답하기만 하다. 끊어진 감정의 소통을 다시 이어줄 무엇인가가 있을 것만 같은데⋯. 아내의 팔을 잡으려고 손을 내밀다가 포기하고 말았다.

아내가 택시를 세워 문을 열더니 고개를 돌려 말했다.

"전화할게."

위는 얼어붙은 듯 그 자리에 서서 아내가 탄 택시 꽁무니를 바라보았다.

예상대로 요술공주는 인기 만점이었다. 그녀와 동행한 것이 기대 이상의 성과를 올렸다. 그녀가 점심 때 나타난다는 소식에 현장 파견 직원들은 선약까지 취소하며 참석하는 열의를 보였다.

오늘 점심으로 1팀은 '현장 순회 점심 공연'을 성황리에 마쳤다. 미리 준비한 체크리스트를 기초로 그들의 불만과 개선 요구 사항 등을 소상하게 파악할 수 있었다. 파견 직원들이 요술공주에게 반한 것은 평상시 그녀의 명쾌한 업무 처리 때문만은 아니었다. 항상 웃으며 상냥하게 말하는 요술공주의 태도는 고객사와 부대끼는 그들에게 시원한 청량제가 되어주었다. 몇몇 현장 사람들은 요술공주가 계약직이라는 사실을 알고는 회사에 대한 불만을 쏟아내기도 했다.

조구라가 현장 순회 결과를 공자왈에게 보고했다.

"제가 정리하다 보니까 몇 가지 빼고는 별것도 아니네요. 이런 잡다한 것들까지 우리가 신경 써줘야 하는 겁니까?"

공자왈은 듣지 못한 듯 서류에 빠져 있었다. 직업조문객이 끼어들었다.

"여기에 앉아 있는 우리가 생각 없이 보기에는 그럴 수도 있지. 입장이 다르니까. 하지만 내가 저 입장이었다면 어땠을까 하고 상상해 봐."

"아! 오늘은 부장님 대신 성 과장님이 난해한 말씀을 하시네요. 성 과장님이 부장님 바통을 이으시려나 보죠?"

"우리 입장에서 보면 별것 아닌 걸로 보일 수도 있지. 그렇지만 사람들은 큰일에 감동하지 않아. 예상 밖의 큰일이 생기면 오히려 놀랄 뿐이지. 사람들은 의외로 작은 것에서 감동을 받거든. 그래서 상상력이 중요한 거야."

그때 막내 직원이 놀란 토끼 눈을 하고 회의실로 늘어왔다.

"부장님, 큰일 났어요. B사가 계약을 해지하겠다고 통보해왔는데요. 전화 좀 받아보세요."

공자왈이 뛰어나갔다. 사람들의 시선이 담당자인 조구라에게 몰렸다. 직업조문객이 조구라에게 따졌다.

"야! 조구라! 너 뭘 어떻게 한 거야?"

"제가 뭘요. 전 잘못한 거 하나도 없어요. 그깟 7억 주면서 뭐가 그렇게도 원하는 게 많은지 머리 뚜껑이 열리는 줄 알았다니까요."

조문객이 소리쳤다.

"그게 7억짜리가 아니란 걸 알잖아? 일단 시작해놓고 나면 거기서 최소한 20억이 생기는 계약인데 그걸 못 참고 산통을 깼단 말이야? 너 정신이 있어 없어? 지금은 7억이 아니라 1억도 아쉬운 판이야. 도대체 왜 그 모양이야?"

조구라는 맞서지 않았다. 입속말을 웅얼거리면서 자리에 앉아 있을 뿐이었다. 조문객이 계속 야단을 쳤다.

공자왈이 들어왔다.

"제가 설득해봤습니다만 아무래도 어려울 것 같습니다. 2팀과 계약하기로 한 것 같습니다."

명함수집가가 조구라에게 물었다.

"조 대리님, 어떻게 하신 거죠? B사는 우리 팀에 우호적이었어요. 몇 년째 우리 팀하고 일을 같이 했는데요. 2팀이 공략하기는 쉽지 않은 곳입니다. 이상하네요."

조구라가 뾰로통한 표정으로 말했다.

"쓸데없는 일 가지고 자꾸 오라 가라 하잖아. 자존심 상하게."

"겨우 자존심 때문에 27억짜리를 날려버렸단 말입니까?"

"겨우 자존심 때문이라니? 내가 왜 그런 대접을 받고 살아야 하나? 내가 쪽 팔리게 이렇게 사느니 안 살고 말지."

배려

공자왈이 말했다.

"그건 자존심이 아니라 허위의식이죠. 자존심은 그럴 때 쓰라고 있는 말이 아닙니다. 자신을 소중하게 여기는 사람은 일에도 최선을 다합니다. 모름지기…."

"월급 받는 만큼만 일하면 되는 거 아닌가요? 저는 성 과장님이나 유 대리처럼 자존심 구겨가면서 인센티브 많이 받을 생각도 없어요. 우리가 자존심 상해가면서 열심히 일하면 뭐합니까? 임원들은 매일 시간만 때우면서 우리보다 열 배 스무 배는 더 받아가잖아요. 뼈 빠지게 일하면 뭐 합니까? 제가 틀린 말 했습니까?"

조구라가 공자왈의 말을 잘랐다. 고객사와의 관계가 악화된 가운데 팀원들의 추궁까지 받게 되자 감정이 격해진 모양이었다. 직업조문객이 벌떡 일어섰다.

"이 자식이 보자보자 하니까 정말."

공자왈이 조문객을 눌러 앉히면서 말했다.

"임원들이 편해 보이나 보죠? 그건 아닙니다. 임원들은 선택하고 책임을 지는 사람들입니다. 그래서 보수를 많이 받아가는 거지요. 월급은 말이죠, 일한 대가라는 표현도 맞지만 점점 책임에 대한 대가 쪽으로 바뀌게 됩니다. 임원들에게도 조 대리 같은 시절이 있었을 겁니다. 그분들은 선택하고 책임지는 데 능통했기 때문에 그 자리까지 오른 것입니다."

"그러니까 부장님 말씀은 순응하면서 그냥 살라는 거죠? 살다 보면 쥐구멍에도 볕들 날 있다는 말씀 아닙니까. 저는 이렇게까지 자존심 버리고는 살기 싫습니다. 이 일은 제 적성에 맞지도 않고요."

"그럼 본인에게 어떤 일이 적합하다고 생각하나요?"

"위 차장님도 여기 계시지만 기획이나 재무 쪽 사람들 보세요. 평생에 어디 가서 굽실거릴 일이 없잖아요. 출세도 금방 하고요. 갑(甲) 중의 갑이죠. 그런데 우리는 뭡니까? 을(乙)도 못 되는 병(丙)이죠, 병. 회사 안에서도 매일 깨지고 밖에 나가면 고객사의 새파란 녀석들한테도 굽실거려야 하잖아요."

위는 코웃음을 쳤다. 조구라가 프레젠테이션에서 깜짝 스타가 되더니 간덩이가 부은 것이다. 기획이나 재무라인이라고 해서 인생이 간단하게 풀리는 것은 아니었다. 겉보기에는 화려할지도 모르지만 그곳에서 살아남는 것은 지뢰밭을 걷는 것이나 다름없었다.

위가 차가운 미소를 지으면서 말했다.

"인기 부서에 가면 잘할 수 있을 거라고 믿는 모양이지?"

"어쨌든 여기 업무는 제 적성에 안 맞는 것 같습니다."

"환상에서 벗어나라고. 고상하게 돈 버는 일이 세상에 있을 것 같아? 거기가 얼마나 힘든 줄 알기나 해? 그곳에서 일하는 사

배려

람들은 백조에 불과해. 물 위에 고상하게 떠 있지만 밑으로는 쉴 새 없이 발길질을 해야만 살아남을 수 있지. 그렇게 매일 남의 떡이 크게 보인다고 불평만 하고 살 거야?"

직업조문객이 나무랐다. '인기부서가 백조'라는 말에 사람들이 웃음을 터뜨렸다. 위도 웃었다. 딱 맞는 표현이다 싶었다. 반면 조구라는 사람들이 자신을 비웃었다고 생각한 것 같았다.

"제가 그렇게 한심해 보입니까? 그래요. 마음대로들 생각하세요."

조구라는 회의실을 나가더니 퇴근해버렸다. 이미 퇴근 시간은 지나 있었다.

"부장님, 죄송합니다. 저 녀석이 제정신이 아닌 것 같습니다. 제가 주의를 주겠습니다."

조문객의 밑에 공사왈이 손을 저으며 말했다.

"요즘 많은 젊은이들이 저렇게 허상만 좇습니다. 자기한테 적응할 틈도 주지 않고 적성에 맞지 않는다면서 옮겨 다니지요. 부모들이 잘못 키운 탓이기도 합니다. 아이가 기죽으면 안 된다는 생각에 자존심에 대해 잘못 가르치다 보니까, 남과 끊임없이 비교하면서 스스로를 들볶는 사람이 되고 맙니다. 안타깝게도 부모들의 잘못된 교육이 아이의 인생을 불행하게 만들지요."

멤버들은 맥이 풀린 모습이었다. 60억을 돌파해 목표의 절반을 달성했다고 기뻐했는데 규모가 다시 55억으로 줄어든 셈이었다.

'누구의 책임인가?'

위는 자기도 모르게 고개를 끄덕였다. 살아간다는 것은 책임질 일이 늘어난다는 것을 의미하기도 한다. 많은 사람을 만나가면서 인연을 맺고 그들에 대한 자신의 존재를 책임져야 하는 것이다.

서류 그 이상의 진실

외국물이 들어왔다. 얼굴이 벌겋게 달아 있었다. 무엇 때문인지 무척 흥분한 것 같았다.

"1팀장님, 이게 뭡니까? 이린 식으로 비열하게 뒤통수를 쳐야겠습니까?"

외국물이 공자왈에게 다가서더니 다짜고짜 화를 냈다.

"네? 뭐가요?"

공자왈이 자리에서 일어서면서 물었다.

"오리발 내밀지 마세요. 내가 모를 줄 알아요? 빨리 원상복귀 시키세요. 아니면 문제제기 할 겁니다."

"무슨 말씀이신지⋯."

"1팀이 조직적으로 우리 팀을 방해했다는 증거를 갖고 있습니다. 공개적으로 사과하고 공작을 중단하세요. 나는 1팀을 생각해서 이렇게 말씀드리는 겁니다. 오늘 안으로 원상복귀 안 되면 사장님과 상무님께 보고하겠습니다."

"정말 무슨 말씀인지 모르겠는데요. 일단 앉아서 차근차근 말씀을…."

외국물이 공자왈의 말을 단호하게 끊었다.

"모르겠다고요? 그럼 지금 바로 보고하러 가겠습니다."

외국물은 올 때와 마찬가지로 횡하니 사라졌다. 공자왈이 명함수집가에게 고개를 돌리면서 말했다.

"무슨 일인지 알아보세요."

예상대로 철혈이 회의실에서 기다리고 있었다.

"2팀에서 문제제기가 있었습니다. 1팀이 조직적으로 업무를 방해하고 있다는 정황이 포착되었습니다. 만일 의도적인 해사 행위가 있었다면 징계위원회에 회부할 수밖에 없습니다. 나는 1팀이 부서장의 지시에 따라 움직였을 거라고는 생각하지 않습니다. 몇몇 직원의 실수였을 수도 있죠. 그래서 전부 모이라고 한 겁니다."

철혈이 공자왈을 힐끔 보면서 말했다. '부서장의 지시에 따

배려

라' 라는 부분을 강조하는 것으로 보아 공자왈에 대한 의심을 반어적으로 표현하는 것 같았다. 이는 공자왈에게 책임을 묻겠다는 의도를 나타내는 부분이기도 했다.

공자왈이 물었다.

"어떤 업무 방해가 있었는지 저와 우리 팀은 알지 못합니다. 그 부분을 말씀해주시는 것이 먼저일 것 같습니다만."

외국물이 퉁명스럽게 대꾸했다.

"다 알면서 뭘 시치미를 뗍니까? 이제는 사과도 받고 싶지 않습니다. 상무님! 들어볼 필요도 없다니까요."

철혈이 공자왈을 보면서 말했다.

"2팀이 수주한 프로젝트를 진행하던 현장 인력들이 집단 이탈했습니다. 일부는 사표를 제출한 상태입니다. 또 몇몇 고객사들은 2팀의 제안을 긍정적으로 검토하다가 갑자기 발주를 연기시켰습니다. 2팀이 파악한 바로는, 1팀이 엔지니어들을 모아 여러 번 회합을 가졌습니다. 내가 보기에도 이런 일련의 과정에서 1팀이 의심받을 만한데요."

공자왈이 외국물에게 질문했다.

"2팀장님, 그런 일이 있었다면 원인 분석을 해보셨겠지요? 원인이 어떻게 분석되었습니까?"

외국물이 눈을 치뜨면서 말을 받았다.

"원인 분석? 했지요! 1팀 전원이 나서서 방해공작을 했더군요. 계약직 여직원까지 동원해서 엔지니어들을 구워삶았더군요."

직업조문객이 나섰다.

"방해공작을 한 것은 2팀 아닙니까? 우리 1팀 사업영역까지 침범해 들어와서는 할인공세를 벌였잖아요. 이건 명백한 해사 행위라고요. 같은 회사 부서들끼리 이래도 되는 겁니까?"

철혈이 말을 받았다.

"침범이라고요? 1팀이 제대로 했으면 2팀이 그럴 이유가 없지요. 제 밥그릇도 못 챙기니까 2팀이 나서서 대신 챙겨준 것 아닙니까?"

"대신 챙겨주다니요? 강탈해간 것이죠. P사만 해도 그렇지 않습니까?"

이번에는 외국물이 철혈 대신 반격했다.

"성 과장은 뭘 좀 제대로 알고 말을 하세요. P사는 경쟁사에 빼앗길 뻔한 것을 우리가 되찾아온 겁니다. B사도 그렇고요. 자기 고객들도 못 챙기면서 밥그릇 지킬 생각만 하니까 매일 그 모양 그 꼴이지요. 그러니까 우리 2팀이 나설 수밖에 없는 것 아닙니까!"

명함수집가가 따졌다.

"1팀이 고객을 빼앗길 것 같으면 먼저 1팀에 알려주는 게 기

배려

본 아닙니까? 왜 그걸 2팀이 가로채간 거죠? 그리고 P사 외에 다른 고객사들을 빼앗아가는 건 또 뭡니까?"

외국물이 냉소를 지으며 말했다.

"솔직히 1님의 능력을 믿을 수가 없습니다. 1팀에 대한 예의나 협력도 중요하겠지만, 회사 전체 차원에서는 불가피한 일이었습니다. 2팀으로선 1팀이 계약을 번번이 놓치는 것을 묵과할수 없습니다. 앞으로도 1팀이 눈뜨고 놓치는 계약을 우리가 주워담을 겁니다. 어쨌든 1팀장님은 우리 업무를 방해한 것에 대해 인정하는 겁니까?"

공자왈이 희미한 웃음을 머금었다. 그러더니 철혈과 외국물에게 서류를 전달했다.

"이 문서를 보셨을 겁니다. 제가 상무님께도 보고했고, 2팀장님께도 전해드렸죠. 현장 인력의 고충과 개선점 그리고 수요 조사를 한 내용입니다. 1팀 전 직원이 동원된 것은 사실입니다. 그래서 조사를 금방 마칠 수 있었죠. 중간 점검을 해보니까 현장의 호응이 좋은 것으로 나왔습니다."

순간 철혈의 표정이 일그러졌다. 하지만 언제 그랬냐는 듯 평온한 얼굴로 돌아왔다. 외국물은 어리둥절한 표정이었다.

공자왈이 외국물을 보면서 말했다.

"2팀장님은 보고서에 나온 체크리스트를 준수하셨습니까?

1팀이 제출한 방안이지만 상무님께서 사인을 하셨으니까, 그건 우리 사업본부 전체의 시행 사항이기도 한데요. 이탈한 현장 인력들을 면담해서 불만사항이 뭔지 파악해보셨나요? 체크리스트에 불만사항들 대부분이 나와 있을 거라고 봅니다만."

"그, 그런 쓸데없는 일에…."

외국물은 반격을 하려 했지만, 뾰족한 아이디어가 떠오르지 않는 모양이었다. 외국물이 회의중에 말을 더듬는 것은 처음 있는 일이었다.

공자왈이 사람들을 둘러보면서 말했다.

"고객사들이 2팀의 제안을 선택하지 않는 것은 저로서도 불가사의한 일입니다. 15퍼센트나 할인된 가격을 제시하는데도 발주를 하지 않는다면 정말로 이상하지 않습니까?"

외국물이 기회를 만났다는 듯 소리쳤다.

"그러니까 1팀이 또 다른 미끼를 내걸어서 맞불작전을 편 것 아니겠습니까? 이건 방해공작이 틀림없다고요."

"우리 팀의 제안서 내용은 상무님께서 이미 파악하고 계실 텐데요. 제안가격에는 변동이 없습니다. 오히려 상세 점검을 하다가 가격이 올라가는 경우가 많았지요."

외국물이 입을 다물었다. 회의실에 잠시 적막이 흘렀다. 철혈이 어색한 분위기를 돌리려는 듯 입을 열었다.

배려

"내가 들어보니까 2팀장이 오해했군요. 1팀장에게 사과하세요. 나는 잠시 앙리 사장님께 다녀오겠습니다. 그 양반이 1팀과 2팀의 성과에 관심이 많으니까요. 20분간 휴식하고 다시 회의를 시작하겠습니다. 회의 안건은 1팀과 2팀 간의 협력방안에 관한 내용입니다."

철혈이 회의실을 나가자 외국물도 밖으로 나갔다. 2팀 멤버들이 외국물을 따라 베란다 쪽으로 자리를 옮겼다. 위가 생각난 듯 공자왈에게 속삭였다.

"협력방안이 뭐죠? 우리 영역까지 침범해놓고는 무엇을 더 협력하자는 걸까요?"

공자왈이 대답했다.

"정보를 공유하자는 것이겠죠. 2팀이 우리 노하우를 활용해서 더 알차게 성과를 내겠다는 겁니다. 멍 부상이 전에도 부서장 회의 때 그런 제안을 한 적이 있거든요."

"공유할 거나 뭐 있습니까? 우리 기획안이나 제안서가 전부 철혈한테 올라가는데요. 거기에 다 나와 있지 않습니까? 노하우라고 할 만한 것도 없잖아요."

공자왈이 고개를 끄덕였다.

"그러게 말입니다. 서류에 담긴 것, 그 이상이라면 그건 진실이죠. 고객들을 대하는 진실된 자세 말입니다. 그런데 진실에는 눈을 감은 채 자꾸 뾰족한 수단이 있을 거라고 짐작하면서 그 뾰족한 수단을 내놓으라고 하는데요. 그건 아무리 얘기해봐야 받아들이지 않는데 무슨 소용 있겠습니까?"

1팀 멤버들이 커피를 뽑아 다가왔다.

"위 차장님, 어떻게 된 겁니까? 궁금해서 죽겠어요. 몇 군데 전화해봤더니 2팀에 대한 평판이 좋지 않던데요."

명함수집가가 물었다.

"15퍼센트 절감이 어디서 나오겠어? 그렇게 제안해서 이익을 내려면 투입 인력을 절반 가까이 줄여야 하고 시스템 구축 기간도 단축해야 할 거 아냐. 문제는 고객사 입장에서 그걸 면밀하게 생각해 보면 이익이 결코 아니라는 점이지. 엔지니어들은 신이 아니야. 적은 인력에 그렇게 짧은 기간으로 만족할 만한 성과를 낼 수 있을까? 비용 절감보다 중요한 건 시스템의 안정성과 효율성이라고. 고객사들도 바보는 아니야. 선수가 선수를 알아보는 법이지."

"와! 그렇군요. 부장님은 어떻게 엔지니어들을 챙겨줄 생각을 다 하셨어요? 우리 쪽 현장에는 동요가 없어서 다행입니다."

공자왈이 위의 말에 덧붙였다.

"2팀의 제안은 관점부터 잘못되었습니다. 인간에 대한 기본 예의를 망각하고 있습니다. 기술 인력들은 기계부품이 아닙니다. '밀어붙이면 된다'고 생각한 게 잘못이죠. 엔지니어들을 자신처럼 생각하지 않기 때문에 그런 비인간적 제안이 나온 겁니다. 2팀이 '시간외수당을 더 주겠다'고 설득했겠지만 그건 임시방편일 뿐이지요. 이탈한 엔지니어들의 불만도 바로 그것일 겁니다. 비인간적인 처우 말입니다."

철혈이 돌아와 회의가 속개되었다. 회의는 외국물의 독무대로 바뀌었다. 외국물은 20분 전의 패배를 설욕이라도 하듯 1팀을 몰아붙였다. 최신 마케팅 이론을 소개하며 1팀의 실수를 들춰내기도 하고, 1팀을 디지털시대의 낙오자에 비유하기도 했다.

위는 떠오르는 아이디어를 업무수첩에 적었다. 외국물의 독무대를 보다가 불현듯 생각난 것이었다. 외국물은 위가 자기 얘기를 빈아직는 줄 알고 신이 나서 큰소리로 떠들어댔다.

'우리가 하는 일은 사람들을 위한 것이다. 그들을 편하게 해주고 궁극적으로 그들의 꿈을 이뤄주기 위한 것이다. 경쟁력이나 효율성 같은 것은 그것을 추구하는 과정에서 나오는 파생 개념일 뿐이다. 더욱 큰 눈으로 그 근본을 꿰뚫어봐야 한다.'

외국물은 무대에서 내려올 기미를 보이지 않았다.

위는 컴퓨터를 끄려다가 습관처럼 사내 게시판에 들어갔다. 직원들이 자유게시판에 올리는 글들을 훑어보는 것이 퇴근 전 그의 일과가 되었다. 간혹 마음에 드는 글이 보이면 그것을 복사해서 사람들에게 이메일로 보냈다.

그러다 재미있는 글을 하나 찾아냈다. 며칠 전 외국물의 '회의 독무대'와 묘한 대조를 이루는 내용이었다. 지체 없이 글을 복사해 메일을 보낼 준비를 했다.

그런데 문득 전에 보냈던 내용들이 궁금해졌다. 일주일에 두세 번씩, 그러니까 모두 마흔한 통의 '우리 함께하는 세상'을 발송한 셈이었다.

'수신확인' 항목을 누르자 여지없이 실망스러운 결과가 나타났다. 대다수가 메일을 열어보지도 않은 상태였다. 스팸메일이라고 생각해 발견 즉시 삭제한 모양이었다.

처음에는 그럴 수도 있겠다고 생각했다. 처음 만나 명함을 주고받은 사람이라면 느닷없이 받은 메일이 달갑지 않을 수도 있다. 하지만 마흔한 번이나 메일을 보냈는데도, 현실의 벽은 완고하게 그의 호의를 무시하고 있었다.

하지만 그는 다시 마흔두 번째 메일을 보내기 시작했다.

배려

"알아주는 사람이 없으면, 없는 대로 살면 되지."

위는 자신도 모르게 공자왈이 했던 말을 따라 하고 있었다.

한밤중에 어떤 단체에 예기치 않은 문제가 생겼다. 회원들은 다음날 아침 6시에 긴급회의를 소집해 문제를 해결하기로 했다.

아침, 회의실에 모였을 때 회원은 모두 일곱 사람이었다. 여섯 사람의 회동이었는데, 아무도 부르지 않은 한 사람이 온 것이다.

회장은 그들 중에 누가 불청객인지 알 수 없었다.

회장이 말했다.

"여기에 나오지 말아야 할 사람은 당장 돌아가시오."

그러자 그들 중에서 가장 유능하고 가장 필요한 사람이 나가버렸다.

그는 부름을 받지 않은 채 잘못 알고 나온 일곱 번째 사람에게 굴욕감을 주지 않기 위해 자신이 나가버린 것이다.

— 『탈무드』

공생의 길

위는 가벼운 발걸음으로 계단을 올랐다. 비상계단은 여전히 어두웠다. 그러나 어두운 비상계단을 지나 문을 열고 나가면 환한 세상이 있다는 사실을 그는 알고 있었다. 멋지게 꾸며진 11층의 정원. 이번에는 여유를 가지고 그곳을 거닐며 이야기하고 싶었다. 그는 오른손으로 주먹을 쥐어 왼손 바닥을 쳤다.

'맞다, 여유.'

처음 11층으로 이어지는 계단을 오를 때, 그에게는 한줌의 여유조차 남아 있지 않았었다. 하지만 이상하게도 인도자의 말대로 자신에게 솔직해지면서부터 세상이 달라 보이기 시작했다.

배려

그리고 여유도 생기기 시작했다.

여유는 자신을 둘러싼 주변을 돌아보게 했다. 사람들이 눈에 들어왔고, 그들의 생각을 이해하게 되었다. 그들의 관점으로 보고 그들이 원하는 것을 주자, 하루하루가 즐거워졌다. 위는 인도자를 만나 그동안 자신에게 생긴 커다란 변화를 전하고 싶었다.

정원으로 통하는 문을 열었다. 정원에는 아무도 없었다. 미리 연락도 없이 불쑥 올라온 것이 생각났다. '뭐, 어때. 언제든지 찾아오라고 하셨으니까.'

정원 왼쪽으로 인도자의 사무실이 보였다. 그는 사무실로 다가가 노크를 하려고 손을 내밀었다. 그 순간, 귀에 익은 목소리가 안에서 들려왔다.

"선배님, 좋습니다. 솔직하게 말씀드릴게요. 이런 말씀드려서 죄송합니다만, 저는 선배님이 배후조종을 하신다고 생각합니다. 왜 이렇게 저를 미워하세요? 그게 아니라면 왜 제가 하는 일마다 사사건건 방해를 하시는 겁니까?"

위는 뻗었던 손을 움츠렸다. 그 목소리의 주인공은 철혈이었다. 철혈이 11층까지 어쩐 일일까?

"내가 무슨 불순세력이라도 된단 말인가. 배후조종을 하게? 허허, 생사람 잡지 말고 차나 마시게. 다 식겠네."

철혈이 인도자와 따질 일이 있는 모양이었다. 자신과는 상관 없는 일이고, 엿듣는 게 떳떳하지 못하다는 생각이 들었다. 위는 조심스럽게 걸음을 돌렸다.

"선배님, 제가 모를 줄 아십니까. 다 알고 있습니다. J사 부회장 만나서 1팀을 도와주라고 하셨잖아요. 구 부장이 J사 사람들을 만난 것도 알고 있습니다. 왜 그렇게 경쟁력 없는 1팀에 집착하시는 겁니까? 오늘 이렇게 뵌 김에 그 이유를 꼭 알고 싶습니다."

위는 자신도 모르게 그 자리에 쭈그리고 앉았다. 두 사람은 분명 1팀의 운명과 관련된 이야기를 하고 있었다.

"J사 부회장은 후배라서 그냥 만난 것이고, 마침 도와달래서 실무자끼리 만나도록 해준 것뿐이네. 내가 자네에게 묻고 싶어. 왜 그렇게 1팀을 미워하나?"

"미워하는 게 아닙니다. 조직을 위해 불가피한 구조조정일 뿐입니다. 선배님은 회사를 이상주의의 시험무대로 착각하시는 것 같습니다. 모두가 잘되면 얼마나 좋겠습니까? 하지만 현실은 그렇지 않지요. 경쟁력이 없으면 도태되는 게 당연하죠."

"자네가 오해하는 거야. 나는 확실한 현실주의자야. 고객의 수요를 파악하고, 그것을 만족시켜 주어야 한다는 것은 명확한 현실이지. 그렇지 않은가? 1팀은 그런 신조를 바탕으로 지금까지 잘해왔는데 뭐가 문제라는 건가? 나는 자네 의중을 모르겠네."

배려

철혈이 답답하다는 투로 말했다.

"고객만족이 틀리다는 게 아닙니다. 1팀은 말로는 고객감동
이니 뭐니 하지만 온정주의에 빠져 있습니다. 경쟁력 없는 사람
들이 뭘 제대로 하겠습니까? 1팀이 웃고 떠드는 사이에 고객사
들만 재미를 보고, 경쟁사들은 우리 이익을 빼앗아가고 있지 않
습니까?"

"고객사가 재미를 보는 건 우리의 목표이기도 하지. 이익을 빼
앗긴다고? 이익이라는 것은 우리가 만들어내는 것이네. 우리 이
익은 고객사들에게 달려 있지. 그렇다면 고객사들의 이익을 높
여줄수록 우리 이익도 커지는 것 아니겠나. 내 생각은 그렇네."

"무슨 말씀인지는 알겠습니다만 그건 옛날에나 통하던 말이
죠. 대기업들이 마구잡이로 들어오는 바람에 시장이 포화상태
입니다. 이런 상황에서 어떻게 새로운 이익을 만든단 말씀입니
까? 이익은 시장의 절대 크기에 달려 있습니다. 시장은 한정되
어 있으므로 이익은 경쟁자로부터 빼앗아오는 것이죠. 이건 생
존의 문제이고 사활의 문제입니다."

인도자가 혀를 차더니 말했다.

"자네 얘기대로라면 지금 모든 업종에는 1등 기업만 살아남
았어야 해. 나머지는 경쟁력이 없다면서."

"그렇습니다. 1등이 아니면 의미가 없죠. 2등 밑으로는 아무

도 알아주지 않지요."

"무조건 1등이 최고라고 하기 전에, 그들이 어떻게 1등이 되었는지에 대해서는 왜 관심이 없나? 1등에 오른 대표기업들을 잘 살펴보게. 이겨서 1등이 아니야. 1등은 고객들이 만들어주는 거라고. 자네는 말끝마다 경쟁력 운운하는데, 경쟁력이 무슨 뜻인지 제대로 알고 그런 말을 하나? 경쟁력은 자기 경쟁력을 뜻하는 거라네. 고객의 목소리를 들어가면서 부단하게 자기를 이겨내는 것을 경쟁력이라고 하는 거야. 이 답답한 사람아."

철혈도 지지 않고 목소리를 높였다.

"네, 저도 다 압니다. 그런데 현실이 그렇지 않다니까요. 고객에게 잘하는 것도 중요합니다. 그렇지만 우리가 일단 살아남아야 고객도 있는 것이죠. 우리가 망하면 고객이 무슨 소용입니까? 지금으로선 경쟁력을 떨어뜨리는 요인을 찾아내 개선하고 대외 경쟁력을 확보하는 게 당면 과제입니다."

"도무지 내 얘기를 들으려고 하지 않는구만. 1등은 결과물일 뿐이라니까. 우리 스스로 고객들을 위해 노력하다 보면, 1등은 그 결과물로 따라오게 마련이야. 왜 그런 노력은 등한시하고 투쟁만 일삼으려고 하는 건가?"

"답답하십니다. 적들과 겨뤄서 이기려면 우리도 단련을 해야하는 것 아닙니까? 단(鍛)은 무거운 망치로 때리는 것이고, 련(煉)

배려

은 타오르는 불로 가열하는 겁니다. 그러니까 경쟁력 없는 1팀부터 청산하는 것이 바로 단련의 시작이지요. 또 회사를 위한 것이기도 합니다. 누군가가 십자가를 져야 국면을 전환시킬 수 있습니다."

인도자가 말했다.

"무슨 얘기인 줄 알겠네. 자네에게는 희생양이 필요한 것이구만. 맞지? 희생양을 통해 조직에 변화를 주겠다는 것 아닌가?"

"맞습니다. 변화를 위해서는 희생이 반드시 필요합니다. 저는 1팀에게 그 역할을 맡기려고 하는 겁니다."

"조금 더 솔직해지면 어떨까?"

"네? 무슨 말씀이시죠?"

"자네 목표가 어느 정도인지 모르겠지만, 그 정도 그릇으로는 우리 회사 1인자에 오를 수 없을 거야."

"무슨 말씀입니까?"

"잘 들어보게. 리더는 스스로가 뛰어나다는 점을 굳이 입증하려 할 필요가 없어. 출중한 부하들에게 능력을 마음껏 펼칠 수 있도록 기회만 만들어주면 되는 거야. 유능한 부하들과 일한다는 것 자체가 뛰어난 리더라는 점을 증명하는 거라고. 생각해보게. 자네에게 유능한 후배가 있었던 적이 있는지. 싹수가 보이는 즉시 자네가 짓밟지는 않았나? 자네에게 경쟁자가 아닌 사람이 있었는지 생각해보라고."

"제가 구 부장을 시기해서 이런다고 생각하시는 겁니까?"

"아니라고 단언할 수 있겠나?"

철혈은 잠시 뭔가를 생각하는 듯하더니 입을 열었다.

"알고 보니 선배님이 회사 내 온정주의의 뿌리였군요. 왜 이렇게 변하셨습니까? 선배님이 저를 이 회사로 끌어주셨죠. 그때 선배님 별명이 '조스' 였지 않습니까? 한번 물면 절대 놓아주지 않는다고 경쟁사 사람들이 무서워했는데요. 왜 이렇게 패배주의자가 되셨습니까?"

한동안 침묵이 흘렀다. 인도자가 말했다.

"그때가 6월이었지. 나는 그날을 잊을 수가 없어. 어떤 사람이 꼭두새벽에 찾아왔네. 살려달라고. 나 때문에 부도 위기에 몰린 회사 사장이었어. 내가 어떻게 했을 것 같나? 문을 열어준 마누라를 나무랐지. 그리고 경비를 불러서 그 사람을 쫓아냈어. 아내가 그러더군. '어떻게 그리 모질고 야박할 수 있냐' 고. 나는 '내가 살려면 어쩔 수 없다' 고 했어. 마누라가 울면서 나한테 말했지. '남에게 고통을 준 만큼, 아니 그 이상을 돌려받게 된다' 고. '제발 조금이라도 베풀면서 살라' 고."

또 침묵이 흘렀다.

"그게 마누라의 유언이 될 줄은 몰랐어. 그날 마누라랑 딸애

배려

가 갑작스런 사고로 같이 갔거든. 아무 준비도 없이 그냥, 느닷 없이 가버린 거야."

철혈은 듣고만 있었다.

"한동안 넋을 놓고 지냈어. 결국 그 충격으로 일선에서 물러 났지. 그러던 어느 날 갑자기 마누라가 남긴 말이 가슴을 찌르 더군. 베풀면서 살라는 그 말이…."

철혈이 입을 열었다.

"어쨌든 산 사람은 살아야죠. 선배님 사정은 이해하지만, 더 이상 회사일을 방해하지 마십시오. 구조조정은 합작선에서 요 구하는 사항이기도 합니다. 뼈를 깎는 아픔이 있더라도 회사를 업계 1위로 올려놓아야 합니다. 그리고 후배도 엄밀한 의미에서 는 경쟁자라고 할 수 있습니다. 선배님도 스스로 물러나셨다고 는 하지만, 따지고 보면 지고 올라온 후배들 때문에 이렇게 된 거 아닙니까?"

인도자가 말했다.

"내가 진심으로 충고 한마디 하지. 결국 자네가 다치게 될 거 야. 그것보다 더 무서운 것은 점점 외로워진다는 거야. 모든 사 람을 경쟁자로 여겨 투쟁하는 건, 스스로를 외로움으로 몰아가 는 것이라고. 외로운 게 얼마나 무서운지 자네가 몰라서 그래. 한걸음만 돌려보게."

"글쎄요. 저는 그런 감상적이고 비과학적인 얘기들에는 관심이 없어서…."

"분명히 말하지만, 베푼다는 것은 패배주의도 온정주의도 아니네. 그것과는 정반대지. 공생의 길, 함께 승리하는 길이야."

철혈이 곧 정원 쪽으로 나올 것 같았다. 위는 황급히 일어나 비상계단으로 줄달음쳤다. 어두운 비상구를 빠져나와 거리로 나섰다. 교차로에는 수많은 차량의 방향등이 부지런히 깜박이고 있었다. 신호를 따라 일제히 움직여 제 갈 길을 가는 자동차들. 위는 자신이 기로에 서 있음을 실감했다.

한때 '조스' 라 불렸다는 인도자, 당시의 그는 철혈과 다름이 없었다. 그것은 위가 지금까지 살아온 모습이기도 했다. 철혈의 말에도 일리가 있다. 경쟁에 정면 승부하지 않으면 패배자가 되고 말 것이다.

그런데 인도자는 '공생의 길' 이란 것을 주장한다. 공생이란 결국 윈윈의 길을 말하는 것인데, 공생이 가능하기는 한 것일까? 인도자의 아내가 유언처럼 남겼다는 '베풀라' 는 말에 아내의 얼굴이 겹쳐졌다. 그렇지만 경쟁자에게까지도 베풀라는 말이 가능하기는 한 것일까? 모든 사람은 서로 경쟁하면서 살아가게 마련인데….

배려

머리가 복잡해졌다. 위는 고개를 들었다. 건물 유리에 반사된 빛이 아스팔트 위에서 밝게 빛났다. '공생의 길이라….'

교차로 건널목에 서 있던 위는 짙게 드리운 건물의 그림자에서 벗어나 밝은 쪽으로 건너갔다. 초봄의 매운 바람 속에서도 햇볕은 따뜻했다.

이기적인 너무도 이기적인

위는 주머니에서 메모지를 꺼내 내밀었다. 사내가 그것을 받으면서 히죽 웃었다. 꿔줬던 돈을 받는 것처럼 자연스러웠다. 위는 사내의 웃음이 송충이가 팔뚝 위를 기어가는 것처럼 징그럽기만 했다.

"말씀하신 대로 비행기 네 좌석입니다. 이건 콘도 예약번호구요."

위의 설명에 사내가 물었다.

"항공료하고 콘도 이용료는 어떻게 됐죠? 제가 내야 합니까?"

"아, 그건….."

위는 '대금 결제는 하지 않았고 예약만 했다'라는 말을 하려

배려

다가 멈칫했다. 사내의 표정을 보니 그렇게 말했다가는 그동안 기울인 노력이 수포로 돌아갈 것 같았다. 위는 자기도 모르게 거짓말을 하고 말았다.

"저희가 곧 결제하겠습니다. 오늘 결정해주시면 저희가 계산을 해야지요."

말을 하면서 얼굴이 붉어지는 것을 느낄 수 있었다. 위는 그렇게 굴복한 자신이 수치스러웠다. 하지만 어쩔 수 없었다. 40억짜리다. 공자왈의 말이 생각났다.

"위 차장에게 1팀의 생존이 걸려 있습니다. 그 계약만 확보하면 우리는 위기에서 벗어날 수 있습니다."

지금까지 1팀이 확보한 매출은 68억. 40억 한방이면 100억 고지를 넘어선다.

사내가 흐뭇한 미소를 지으면서 말했나.

"위 차장님, 죄송한데요. 골프장 부킹까지 부탁드려야 할 것 같습니다. 이번에 같이 가는 친구가 '제주도는 꽉 잡고 있다'고 해서 맡겨놨더니 펑크를 냈지 뭡니까. 부탁 드릴게요. 가급적이면 라운딩할 때 바다가 잘 보이는 곳이면 좋겠습니다."

피가 거꾸로 솟는 것 같았다. 세상에 이런 인간이 있을 수 있을까? 위는 상상도 해본 적이 없었다. 위가 지금까지 만나온 사람들 가운데 이 정도로 수치를 모르는 자는 없었다. 사내는 마치 사람들의 온갖 추악함을 하나로 모아놓은 결정판 같았다.

사스퍼거였다. 남이 어떤 어려움과 고통을 겪든 자신이 알 바 아니라는 인간 사스퍼거. 무모할 정도의 일방적 이익만 추구하고, 남의 약점을 교묘히 파고들어 그 속에서 자신의 기회를 찾아내는 악랄한 인간 사스퍼거였다.

사스퍼거의 부사수가 아무런 말도 없이 자리에서 일어났다. 사스퍼거는 부사수가 자리를 비우자 기다렸다는 듯 위에게 속삭였다.

"골프채까지 가지고 가면 번거롭잖아요. 그러니까 깨끗한 것으로 네 세트 대여 예약 좀 해주십시오. 대여료도 한꺼번에 처리해주세요. 일요일에는 관광을 해야 하니까 렌터카도 필요할 것 같네요. 아! 식사는 신경 안 쓰셔도 됩니다. 그건 따로 해결해주겠다는 쪽이 있어서요."

그동안 얼마나 많은 회사의 피를 빨았을까? 한두 번 해본 솜씨가 아니었다. 위는 이 회사가 40억이나 되는 대형 발주를 1년 넘게 미뤄온 이유를 알 것 같았다. 실무자인 사스퍼거가 저런 짓거리를 즐기다 보니 시스템 구축에 진척이 있을 리 없었다. 위가 자리에서 일어서면서 물었다.

"저희 프레젠테이션이 끝났으니까 곧 결정이 나겠지요?"

사스퍼거가 눈알을 굴리면서 말했다.

배려

"네, 일단은 검토안을 올려야 하는데요. 내가 워낙 바쁘다 보니까… 제주도 가서 머리 식힌 다음에 돌아와서 시작하겠습니다."

어떻게 하는지 보고 나서 결정하겠다는 표현이었다. 위는 흡혈귀에게 피를 빨린 사람처럼 흐느적거리며 엘리베이터로 다가갔다. 언제 나타났는지 부사수가 비튼을 눌러주었다. 위는 고개를 숙여 인사했다. 부사수가 안쓰럽다는 표정으로 뭔가 이야기를 하려다가 입을 다물었다.

"들어주면 안 됩니다. 그 인간, 업계에서 유명하잖아요. 전에 제안했던 회사 사람들 얘기 들어보니까 서른네 명이나 모아서 보험가입까지 해줬더군요. 그 인간 와이프가 보험회사에 다닌대요. 앞으로도 계약은 안 해주면서 계속 뭘 해달라고 요구할 겁니다. 그러다가 우리가 지치면 또 다른 회사 잡아서 등을 칠 겁니다."

직업조문객이 목소리를 높였다. 위는 탁자 모서리만 바라보고 있었다. 조문객의 지적대로 한없이 빨려들어 갈 수도 있었다.

"그래도 40억 아닙니까. 그쪽에서도 가격이나 다른 조건에 대한 이견은 없다면서요. 그렇다면 실무자 하나가 속을 썩이는 건데, 그냥 들어주고 말죠. 좋은 게 좋은 거 아니겠어요. 그리고 우리 처지에 40억이면 왕대박이잖아요."

조구라가 말했다.

"그래서 너는 27억 왕대박을 팽개치고 2팀에 상납했냐?"

직업조문객의 말에 조구라가 변명을 했다.

"이거랑 그거랑은 차원이 다르죠. 거긴 요구사항만 많아서 다 들어주면 우리가 손해라니까요."

명함수집가가 나섰다.

"그 사람 원하는 대로 해준다고 해도 비용을 어떻게 처리해야 할지 문제입니다. 접대비로 처리하기도 쉽지 않습니다."

요술공주가 생각났다는 듯 물었다.

"그런데 그 사람은 어떻게 지금까지 내부 감사에도 걸리지 않고 잘살고 있는 거죠? 그 회사 웃기네요."

명함수집가가 대꾸했다.

"소문에는 그 회사 사장 조카라고 합니다. 사장 형의 아들인데요, 그 형이 일찍 죽어서 사장이 불쌍하다고 감싸기만 하는 모양입니다."

묵묵히 듣고 있던 공자왈이 입을 열었다.

"혼세를 살아가려면 때로는 진흙 속을 뒹굴어야 할 때가 있는 겁니다. 우리 팀 기밀비가 얼마 남았죠?"

기밀비는 자료 없이 쓸 수 있는 일종의 부서 비자금이었다. 직업조문객이 말리고 나섰다.

배려

"부장님, 그러면 안 됩니다. 그 인간이 얼씨구나 하고서 계속 뭘 해달라고 할 겁니다. 아홉 개 회사가 그 녀석한테 피만 빨렸습니다. 우리라고 그렇게 되지 않는다는 보장이 없습니다."

공자왈이 잠시 눈을 감았다 뜨며 말했다.

"제가 위 차상에게 이번 일을 맡겼으니까 제 책임도 큽니다. 이번 일은 분명히 옳지는 않습니다. 그렇지만 시도해볼 필요는 있다고 봅니다. 지금으로선 우리 팀이 살아남는 것이 중요하지요. 그리고 이번 건은 계약이 완료될 때까지 윗선에 보고하지 않겠습니다. 모두 비밀을 엄수해주세요. 위 차장의 비밀 프로젝트니까요."

위는 공자왈의 눈을 바라보았다. 맑은 눈이 진심을 담고 있었다. 문득 자신이 죽이고 싶도록 미워졌다. 저런 사람을 왜 한심한 무능력자로 몰아세웠던 것일까.

"예나가 아빠 보고 싶대. 어린이날이잖아."

패밀리 레스토랑은 만원이었다. 불만을 터뜨리는 사람들 사이로 아이들이 떠들면서 뛰어다녔다. 식당 직원이 옆자리 부모에게 아이들을 앉혀달라고 하소연했지만 당사자들은 들은 척도 하지 않았다. 뒤쪽에서 부모들 간에 말다툼이 벌어졌다.

"애 좀 조용히 시켜요. 시끄러워서 밥을 못 먹겠어요."

"애들이 다 그렇지. 왜 남의 애 가지고 그래요!"

위는 아내와 함께 가만히 앉아 있는 아이를 보면서 뿌듯했다. '애들이 다 그런 것' 은 아니었다. 조용히 앉아 있는 아이는 아내의 작품이었다.

설혹 애들이 그렇더라도 부모는 제대로 가르쳐야 한다. 모든 것은 어려서부터의 훈련이다. 남에게 피해를 주면서도 그것이 잘못된 행동인지도 모르는 아이들이 많다. 그런 아이들은 어른이 되면 더더욱 거칠게 행동한다. 많은 사람들이 이렇게 말한다.

"어려서 잘 몰라서 그럴 뿐이죠."

그래서 아이의 잘못된 행동을 바로잡아주지 못하고 방치한다. 그러나 사소한 잘못의 방치가 쌓여 인생을 바꾸기도 한다.

남과의 거리를 가늠해가며 스스로를 컨트롤할 수 있도록 키우는 것이 아이의 장래를 위한 최선이라고, 위는 생각했다. 그러기 위해서는 아이에게 상상력을 키워주어야만 한다.

'네가 이렇게 한다면 남들이 어떤 불편을 겪을까? 또 남들이 너한테 이런 행동을 보인다면 너는 어떨까? 남들이 어떨지를 잘 생각하고 행동하면 매일매일이 즐거워진단다.'

아내는 아이를 의식했는지 곧잘 웃었다. 그가 던지는 농담에

배려

모녀가 함박웃음을 보이자 기분이 날아갈 것 같았다.

그는 주머니에서 디지털 카메라를 꺼냈다. 아이를 찍어주려고 장만한 것이었다. 아이가 아내에게 음식을 먹여주는 장면을 찍었다. 아이가 입 언저리에 소스를 흠뻑 묻힌 채 먹는 모습도 촬영했다.

유쾌한 기분이 집안 청소로 이어졌다. 대청소가 필요할 것 같았다. 마지막으로 언제 청소를 했는지 기억이 나지 않았다. 그는 베란다 문을 활짝 열어젖히고 진공청소기를 돌렸다. 그리고 걸레를 들고 집안 구석구석을 닦았다. 잠깐 동안인데도 이마에 땀방울이 송골송골 맺혔다. 걸레가 생각만큼 더러워지지 않았다. 소파 뒤나 텔레비전 구석에서도 먼지가 잘 묻어나지 않았다. 밤늦게 들어왔다가 잠만 자고 나가는데 집안이 깨끗할 수밖에.

아내는 가끔 더러워진 걸레를 주며 빨아달라고 부탁하곤 했었다. 새까매진 걸레를 받아들고 위는 그때마다 투덜거리기만 했지 아내의 부탁을 들어준 적은 없었다.

위는 디지털 카메라를 컴퓨터에 연결시키고 하드 디스크에 옮겨진 사진을 모니터를 통해 하나씩 살펴보았다. 사진들을 아내에게 어떻게 전해줄까 고민하다가 홈페이지를 만들기 시작했다. 사진을 올리면 아내가 접속해서 볼 수 있을 거라는 생각이 들었다. 그러나 솔직히 말하면, 사진은 구실이었다. 홈페이지를 통해 아내와 소통할 수도 있겠구나 싶어 가슴이 설레었다.

아이는 화면 속에서 천진난만하게 웃고 있었다. 그는 아이와 더 자주 만나야겠다고 결심했다. 만날 때마다 사진을 찍어주고 싶었다. 그렇게 찍어준 사진이 아이의 성장사가 되고, 그것은 언젠가 추억이 될 터였다.

사람들은 행복한 순간을 영원히 남기고 싶어 사진을 찍는다. 증오나 슬픔, 좌절의 장면을 사진으로 남겨 추억하고 싶은 사람은 없다. 사람들은 아름다운 추억만을 떠올리고 싶어한다.

'언젠가는 나도 아내도 나이가 들어 왔던 곳으로 되돌아가겠지. 그래도 예나한테는 사진들이 남을 테니까. 그래, 더 많은 추억을 만들어주자.'

그는 고개를 주억거렸다. 생각나는 게 있었다. 고개를 돌리자 책꽂이 아래 칸에 그것이 있었다. 앨범이었다. 그는 앨범을 꺼내 표지를 넘겼다. 돌 사진부터 시작되었다. 아버지가 고물 카메라로 찍어준 그의 모습이 펼쳐졌다.

경쟁의 원칙

철혈은 전에 만났던 2층 그 자리에 앉아 있었다.

"벌써 5월이네? 다음 달까지만 더 고생하면 되겠군. 요즘 좀 어때?"

위는 조심스럽게 말했다.

"현업이라는 게 정말 어렵더군요. 신발이 닳도록 고객사를 들락거리는데 계약서에 도장 찍어주는 곳이 없네요. 다른 팀원들 진행하는 걸 보면 일사천리인데 제가 직접 해보면 그게 아니니 말입니다."

"원래 그런 거야. 한두 푼짜리도 아니고 몇 억씩 오가는 계약인데 금방 도장 찍자고 하면 그게 더 이상한 거지. 다른 사람들이야 오랫동안 공략한 게 성과로 나오는 것뿐이야."

철혈이 수첩과 펜을 꺼내면서 말했다.

"1팀 계약이 지금 53억이지? 정확하게 53억 2천143만 원이더군. 한 달 남았는데 53억이라….."

사실이었다. 한때 76억에 이르렀던 계약에 브레이크가 걸린 것은 4월 중순부터였다. 그 후로는 계약을 새로 따와도 밑 빠진 독에 물 붓기였다. 계약했던 고객사들 가운데 이탈하는 회사가 생겨난 것이었다. 대부분 선수금을 받기도 전에 계약 해지를 통보해왔다. 전체 계약 규모는 브레이크가 걸린 이후 계속 후진할 뿐이었다.

이번에는 2팀의 반격이 적중했다. 1팀이 제시한 것보다 3~5퍼센트 할인해주겠다는 제안서를 보내 막판에 계약을 가로채곤 했다. 철혈이 엔지니어들을 불러 독려하고 수당까지 올려줘 환심을 사자 파견 직원들의 불만도 사라졌다.

철혈이 수첩에 메모를 하면서 말했다.

"보라고. 구 부장이란 녀석이 여유를 부린 이유를 나도 알고 있어. 특수 섹터는 1팀만의 독무대잖아. 2팀은 컨설팅 경험도 없고, 그 분야를 잘 모르니까. 구 부장은 지금까지 따낸 거랑 특수 섹터를 다 합하면 120억이 무난할 거라고 본 셈이지. 그렇지만 세상일이 어디 마음대로 되나? 내가 보기엔 6월 30일까지 짜낸

들 100억 언저리일 뿐 더는 없을 거야."

철혈은 40억 규모의 계약이 추진되고 있다는 것까지는 모르는 것 같았다. 공자왈이 계약체결 때까지 보고를 미루기로 한 데다 팀원들 역시 함구하고 있으니 알 턱이 없었다. 하긴, 안다고 한들 2팀을 동원해 막을 수도 없을 것이다.

위가 물었다.

"상무님은 왜 그렇게 구 부장을 싫어하시는 거죠? 상무님 입장에선 아랫사람일 뿐인데요."

철혈이 코웃음을 치면서 말했다.

"능청스러우면서도 영악한 놈이야. 그 무슨 공자 연구 모임인가에 들어가서는 회장을 어떻게 구워삶았는지 회사가 결국 이 모양이 됐잖아. 내가 입사했을 때만 해도 업계 2위였는데 이제는 4위로 떨어졌지. 다 그놈이 회장을 현혹시켜서 그런 거야. 허허허 웃는 사이에 경쟁사들이 우리를 추월한 거지. 구 부장 같은 녀석은 회사의 암적 존재야."

위가 어리둥절한 표정으로 물었다.

"그래도 회장님이 구조조정 안을 승인하신 걸 보면 구 부장을 아끼는 것 같지는 않은데요. 그렇게 친한 사이라면 그럴 리가 없잖습니까?"

철혈이 의미심장한 미소를 지었다.

"이번 건은 회장도 난감할 걸? 구조조정은 내가 제안한 게 아니야. 나는 그런 분위기가 조성되는 데 일조를 한 것밖에 없어. 합작선에서 요구한 사항이거든. 명 부장, 그 녀석 참 대단하지."

위는 눈을 크게 떴다. 철혈의 언급을 통해 나온 고리, 그것을 낚아채야 했다.

"2팀장님이 구조조정을 미국 본사에 제안한 것이군요? 합작선에서 요구해오면 회장님도 어쩔 수 없으니까요. 제 추측이 맞습니까? 그런데 그게 일선 부서의 부장 권한으로 가능한 얘깁니까?"

철혈은 대답하지 않았다. 철혈은 위의 표정을 유심히 살피다가 물었다.

"자네, 40억짜리 추진하는 거 있지?"

"아…, 네."

위는 입으로 가져가던 커피잔을 놓칠 뻔했다. 기가 막혔다. 도대체 철혈이 그런 사실까지 어떻게 파악하고 있단 말인가.

"금방 해줄 것처럼 떠들더니 지금까지 미적거리고 있습니다. 윗선에서 여전히 검토중이라는데요."

철혈이 말했다.

"내가 그 회사에 알아보니까 6월 안에 계약을 체결할 것 같은데. 이제 자네가 트로이의 목마에서 내려올 때야. 결정적인 한

방을 날려야지."

"무슨 말씀이신지…?"

"간단해. 계약을 6월 이후로 미루는 거야. 불발시키지는 말고. 그쪽 담당자 녀석이랑 입을 맞춰서 7월쯤에 하는 걸로 해. 1팀을 없앤 다음에 신설 프로젝트 사업단 주도로 계약하면 되니까."

그는 심호흡을 한 뒤 입을 열었다. '거절해야지.' 그런데 입에서는 전혀 다른 말이 나가고 있었다.

"글쎄요, 그게…. 저쪽에서 어떻게 나올지 좀더 두고 봐야겠습니다. 뭐, 아직 시간도 많고 하니까…."

철혈이 그의 눈을 뚫어질 듯이 바라봤다. 위는 그 검은 눈동자 속으로 빨려들어 갈 것만 같았다. 철혈이 위의 눈을 보면서 확신에 찬 어조로 말했다.

"나는 지금까지 이곳에서 내 회사라는 신념으로 일해왔어. 여기는 내 인생을 바친 곳이라고. 그래서 나는 우리 회사가 하류 얼치기 회사로 전락했다가 사라지는 꼴을 눈뜨고 볼 수 없어. 회사를 살리려면 내부의 얼치기들부터 청소해야 해."

철혈의 표정이 바뀌었다. 이번에는 온화한 미소를 지었다. 위가 철혈에게서 그런 자애로운 표정을 본 것은 처음이었다. 어려울 때 도와주는 인생 선배나 된 것처럼….

"나는 세상에 두 부류의 사람이 있다고 생각해. 하나는 스스로 대가를 치르고 나서, 세상이 그 희생에 대한 대가를 돌려줄 때 즐기는 쪽이지. 성공한 사람들은 대개 이런 모습을 보여. 다른 하나는 바보천치 같은 자들이야. 세상이 대가를 원할 때 그것을 치르기를 미루기만 하지. 생각 없이 눈앞에 있는 즐거움을 추구하면서 살아가. 그러다가 나중에 어쩔 수 없이 그것에 대한 대가를 한꺼번에 치르고 말지. 이자까지 포함해서 말이야. 그런데 이런 바보천치들은 자기가 잘못해서 그렇게 되었다는 생각은 안 하고, 세상 원망만 하면서 인생을 낭비하고 있지."

위는 인도자로부터 그와 비슷한 얘기를 들은 적이 있다. 다만 철혈의 어조는 인도자와 달리 강경하고 신랄했다. 두 사람의 경영에 대한 입장은 아주 달랐지만, 인생의 깨달음에 있어서는 서로 통하는 면이 있다는 생각이 들었다.

철혈이 악수를 청하면서 말했다.

"위 차장, 자네가 대가를 치를 차례야."

위는 반사적으로 그 손을 마주잡았다. 섬뜩했다. 마치 마네킹의 손을 잡은 것처럼 딱딱하고 차가운 느낌이었다.

목표를 이루는 세 가지 길

"내가 낸다니까 그러네."

위는 직업조문객의 신용카드를 빼앗아 주머니 속에 찔러 넣어주었다. 조문객이 멋쩍게 웃었다.

"매일 얻어먹는 게 미안해서 그러잖아."

"무슨 소리…. 그동안 너한테 배운 거 생각하면 평생 밥 사도 아깝지 않지."

요술공주가 참견했다.

"그럼 성 과장님이 커피 사시면 되겠네요."

그때 식당 안쪽의 별실에서 사람들이 쏟아져 나왔다. 기획실 후배들이었다. 위가 손을 들어 후배들에게 인사를 건네자 후배들이 목례를 보내왔다.

그런데 그 무리 속에 조구라가 섞여 있는 것이 눈에 띄었다. 조구라는 위 일행과 마주치자 몹시 당황하는 기색이었다. 요술 공주가 커피전문점으로 들어서면서 말했다.

"방금 조 대리님 보셨죠? 저렇게 기획실 분들하고 자주 어울리던데요. 전에는 '책상물림들'이라면서 그렇게 미워하더니 요즘은 기획실에 자주 놀러가는 것 같아요."

직업조문객이 말을 받았다.

"그러게 말이야. 저 녀석, 기획실로 옮기려고 사전공작 하는 거 아냐? 일도 하는 둥 마는 둥 하고 아무래도 우리 팀이 없어질 것 같으니까 저쪽에 미리 붙겠다는 것 같은데."

위가 고개를 저으면서 말했다.

"글쎄, 인사가 어디 당사자 마음대로 되나? 기획실에 빈자리도 있어야 하고, 제일 중요한 건 기획실장이 데려가겠다고 해야…."

그렇게 말하다 보니 생각나는 게 있었다. 조구라가 새로운 프로젝트의 프레젠테이션 발표를 했었다. 위가 방향을 잡고 세부적인 내용까지 지도해주었지만 회의에서는 조구라 혼자 스타가 되었다. 기획실장을 비롯한 임원들이 회의 직후 조구라의 어깨를 두드리면서 격려했던 모습이 떠올랐다. 커피 맛이 쓰디썼다. 핸드폰 벨이 울렸다.

"위 차장, 그저께 우리 같이 정리한 계약서 어디에 두었죠? J사 계약건 말입니다."

공자왈이었다.

"아, 그거요. 제가 가지고 있는데요."

"지금 빨리 들어오세요. 계약서 가지고 출발합시다."

J사 거물이 날인된 계약서 한 부를 내밀면서 말했다.

"미안해. 그럭저럭 짜냈는데 8억 7천밖에 안 되네. 너희 팀 소문을 들었어. 그래서 나도 할 수 있는 데까지 해봤어. 그렇지만 이게 시범사업이다 보니까 많이 돌리기가 힘들어서…."

"아니야. 그룹에서 말이 많았을 텐데 마음고생 하게 해서 내가 미안할 따름이지. 실무자들더러 앞으로 상세한 일정은 여기 위 차장하고 상의하라고 해. 위 차장이 너희 회사 프로젝트 책임자니까."

위는 깜짝 놀라 공자왈을 쳐다봤다. 공자왈이 '아무 말 말라'는 듯 눈을 찡긋했다.

"부장님, 이 프로젝트는 제가 한 게 아니지 않습니까. 그런데 왜 저한테 맡기시려고…."

J사 로비를 나오면서 위가 물었다.

"그냥 위 차장이 진행한 것으로 해둡시다. 아직 실적도 없잖소. 스타트를 끊어놓는 게 위 차장 본인에게도 좋고, 팀 사람들한테도 반가운 소식이 될 테니까요."

　부서장이라고 해서 실적이 필요없는 것은 아니었다. 2팀의 외국물만 해도 직접 프로젝트를 추진해 높은 연봉 외에 상당한 성과급을 별도로 받아가고 있었다. 심지어는 일부 팀원들이 물어오는 계약마저 자기 공으로 돌린다는 소문까지 있었다.

　그런데 공자왈은 실적과 성과급을 포기하면서까지 위에게 프로젝트를 넘겨주려는 것이다. 구조조정의 핵심 대상으로 찍힌 사람이 다른 사람까지 걱정해준다는 것은 위의 상식으론 도무지 이해할 수 없는 행위였다. 살아남기 위해 남의 다리를 잡고 늘어져도 모자랄 판에….

　위는 목 언저리에 소름이 돋는 것을 느꼈다. 그는 공자왈의 팔을 붙들고 말했다.

　"부장님, 드릴 말씀이 있습니다. 어디 가서 차 한잔 하시죠."

　"위 차장, 그 내용은 우리 둘만 아는 비밀로 합시다. 다른 식구들한테까지 얘기할 필요는 없을 것 같아요."

　"아닙니다. 팀원들에게도 털어놓고 용서를 구하고 싶어요."

배려

공자왈이 웃으면서 말했다.

"왜 그럴 때 있지 않습니까? 부부가 어쩔 수 없이 어르신들한테 거짓말을 해야 할 때 말입니다. 능청스럽게 연기를 하지만 어르신들을 속일 수는 없습니다. 어른들은 속을 훤히 꿰뚫어보고 계시거든요. 그런데도 모른 척을 하십니다. 왜 그러실까요?"

"글쎄요. 잘 모르겠는데요."

위는 그렇게 말하면서도 가슴 한구석이 찔렸다. 분명히 그런 경험이 있다. 아버지가 살아계실 때, 거짓말을 하고 아내와 함께 놀러간 적이 있었다. 나중에 거짓말이 들통났지만 아버지는 짐짓 모르는 척하셨다. 생각해보니, 처음부터 아들 부부의 거짓말을 눈치채고 계셨던 것 같다.

공자왈이 말했다.

"덮어두어야 할 때도 있는 것입니다. 팀 식구들도 위 차장이 1팀에 온 것을 보면서 제각각 생각한 게 있을 겁니다. 그 시기가 묘해서 더욱 그렇겠지요. 그렇지만 모두가 덮어두었을 겁니다. 지금은 위 차장을 믿기 때문에 그런 생각조차 하지 않겠지요."

위가 고개를 끄덕이다가 물었다.

"부장님, 그런데 철혈 상무가 한 얘기는 무슨 뜻일까요? 외국물이 합작선의 구조조정 요구에 영향을 준 것 같은데요. 부서장급 실무자가 미국 본사에 그런 의견을 낼 수 있는 건가요? 저로서는 이해가 안 갑니다만."

공자왈은 대답은 하지 않고 뜬금없는 질문을 던졌다.

"위 차장은 최 상무님이 나를 쫓아내려는 이유가 뭐라고 봅니까?"

"시기심이나 압박감 때문이 아닐까요? 부장님이 승진해서 본부장이 되면 자기가 옷을 벗을 가능성이 높으니까요."

위는 11층에서 엿들은 내용을 말했다. 그러나 11층 고문 이야기는 하지 않았다. 공자왈에게 그런 내용을 염탐했다고까지 말하고 싶지는 않았다.

공자왈이 고개를 저었다.

"아닙니다. 하급자인 나한테 그렇게까지 경쟁의식을 가질이유가 없지요."

"그럼 무엇 때문에…."

"최 상무님 관점에서 보면 아주 쉽게 풀릴 수도 있습니다."

"저는 잘 모르겠는데요."

공자왈이 주저하다가 결심한 듯 입을 열었다.

"나를 쫓아내서 얻을 게 있어야겠지요. 최 상무님이 나를 내보내려는 것은, 그걸 통해 뭔가를 얻을 수 있기 때문입니다. 최상무님 같은 분이 2팀을 시켜 출혈경쟁까지 각오하고 얻으려는게 뭘까요? 1팀을 못 믿어서라는 둥, 사내경쟁을 유도해서 효과를 높인다는 둥 말은 그럴듯합니다. 그렇지만 결산을 해보면 아마도 손실이 상당할 겁니다. 책임은 최 상무님 몫이지요. 그런 위험까지 감수하면서 뭘 노리는 걸까요?"

위의 눈이 휘둥그레졌다.

"혹시…."

공자왈이 고개를 끄덕이며 말했다.

"아직 확실한 건 아닙니다."

"그런데 왜 하필이면 우리 팀이죠?"

"여러 사람의 관점이 필요합니다. 우선 명 부장의 시각에서 보면 2팀만으로는 성에 차지 않지요. 그 양반도 야심가입니다. 1팀과 2팀을 통합해 프로젝트사업을 총괄하고 싶은 생각이 있을 겁니다. 더구나 특수사업 섹터는 시장이 커질 텐데 지금의 2팀으로선 수도 못 대고 있지 않습니까?"

외국물은 확실히 그런 생각을 하고 있는 것 같았다. 자신이 2팀장 자리에 머물러 있는 것을 창피하게 여기는 듯한 말을 곧잘 하곤 했었다.

"앙리 사장님의 관점에서 보면 또 다릅니다. 미국 본사 주주들은 참을성이 없지요. 우리 실적에 대해 본사 주주들 간에 평가가 좋지 않다는 얘기가 있습니다. 자칫하면 앙리 사장님이 책임을 뒤집어쓸 수도 있습니다. 본사로 돌아가서 승진하려면 경력에 오점을 남길 순 없지요. 그러니 앙리 사장님은 급할 겁니다. 본사에 뭔가 보여줘야죠."

위가 손뼉을 치면서 말했다.

"아! 그러고 보니까 앙리 사장이랑 외국물이 미국 대학 동기 동창이라면서요? 그래서 앙리 사장이 외국물을 우리 회사에 특채 천거를 했다고 들었는데요. 대단한 동창들이네요."

공자왈이 너털웃음을 터뜨렸다.

"하하하. 앙리 사장님과 명 부장의 이해 요구가 맞아떨어져 손을 잡게 되면서 우리 팀의 위기가 시작된 것이죠. 앙리 사장으로서는 본사에 '대규모 구조조정을 단행해 회사를 재정비하겠다'고 보고할 거리가 생겼고, 명 부장은 앙리 사장을 활용해 자신의 목표에 다가서게 되는 겁니다."

"그럼 철혈 상무는 어떻게 된 거죠?"

"구조조정이 시작되면 우리 1팀만의 문제로 끝나지 않아요. '왕년의 실적 1위였던 프로젝트 1팀도 당했는데 나머지가 대수냐'는 명분이 가능하거든요. 미국 합작선에서는 최 상무님을 우호적으로 보고 있습니다. 앙리 사장님의 보고에 의존하니까요. 최 상무님이 구조조정 책임자가 될 공산이 크지요. 회장님은 그때부터 물러날 준비를 하셔야 할지도 모릅니다. 구조조정이 본격적으로 시작되면 경영실패에 대한 책임론이 동시에 제기될 테

배려

니까요."

　"한마디로 정리하면 철혈상무는 쿠데타를 노리는 것이고, 앙리 사장은 미국 본사에 자기 능력을 입증한 다음 돌아가서 승진하고 싶은 거네요. 외국물은 영역을 확대해서 더 빨리 출세하고 싶은 거고요. 철혈의 본부장 자리를 넘겨받을 수도 있겠군요."

　"단순하게 보면 그럴 수도 있지요."

　위는 냉수를 벌컥벌컥 들이키고는 말했다.

　"대단한 사람들이군요. 남의 피를 보면서까지 자기가 원하는 것을 얻겠다는 쿠데타 모의로군요. 그래서 회사를 망치고 나면 속이 시원할까요?"

　공자왈이 두 손바닥을 들어 보이면서 말했다.

　"꼭 그렇게만 볼 수는 없습니다. 회사를 망치려고 그러는 건 아니죠. 모두가 최선을 다하고 있는 겁니다. 능력이 있는 사람들이니까 그 능력을 회사를 위해 조금 더 발휘하고 싶은 욕심이겠지요."

　"저는 부장님처럼 관대하지 못해서 그렇게 해석이 안 되네요. '나 아니면 안 된다'는 그 사람들 때문에 우리가 얼마나 고통을 겪었습니까? '나 아니면 안 된다'는 것까지는 좋습니다. 그렇다면 정당한 과정을 거쳐서 목표를 이루어야지요. 수단과 방법을 가리지 않고 우리를 코너로 모는 것 좀 보세요. 아무리 의도가 좋더라도 목적이 그런 수단까지 정당화시켜주는 건 아니죠."

공자왈이 특유의 사람 좋아 보이는 미소를 지었다.

"위 차장, 많이 변한 것 같습니다. 우리가 진리에 이를 수 있는 길에는 세 가지가 있다고들 합니다. 첫 번째는 사색하는 길인데 이것은 가장 높은 길이죠. 두 번째는 모방으로 다가서는 방법인데 가장 쉽다고들 합니다. 마지막은 경험에 의한 것입니다. 가장 고통스러운 길이죠. 지난 여섯 달 동안 우리 팀에서 함께 지내면서 마음고생 많이 했군요."

위가 생각해보니 정말 그런 것 같았다. 왜 이 지경에 이르게 되었을까를 생각하며 반성했고, 다른 사람들을 흉내 내면서 의사소통하는 법을 배웠다. 그리고 시행착오를 겪어가며 자신의 잘못을 바로잡을 수 있었다.

"부장님. 부장님의 분석대로 3자 동맹이 그런 의도를 가지고 있다면 말입니다, 회장님께 말씀드려야 하는 것 아닙니까? 회장님의 거취와도 직결된 문제니까요."

공자왈이 기다렸다는 듯이 말했다.

"이미 알고 계십니다. 어쩌면 나보다 빨리 알아채셨을 수도 있습니다."

"뭐라고 하십니까? 회장님께는 비책이 있겠지요?"

공자왈이 웃었다.

배려

"허허허, 있지요. 제가 걱정을 해드렸더니 저한테 그러시더군요. '자네 일이나 잘하라' 고요. 그게 비책입니다."

"네? 그게 무슨 뚱딴지 같은…."

위는 이해할 수 없다는 표정을 지으며 물었다.

"한 말씀 더 하시더군요. '원하는 걸 해주라' 고요."

"원하는 걸 해주라고요? 넋 놓고 있다가 구조조정에 그냥 당하라고요?"

공자왈이 진지하게 말했다.

"아뇨, 그 양반들이 공식적으로 원하는 것 말입니다. 우리한테 나가달라고 공식적으로 요구한 적은 없으니 반기(半期) 매출 120억을 채워야지요. 원하는 대로 해주면 모든 게 깨끗하게 끝납니다. 120억을 채우고 나면 구조조정이고 뭐고 물거품으로 돌아갑니다. 그게 관건이지요."

위가 풀이 죽은 목소리로 말했다.

"오늘 계약한 것까지 모두 합해도 62억입니다. 겨우 절반인데요. 남은 기한은 오늘을 빼고 한 달 보름 정도입니다. 솔직히 말씀드려서 저는 자신이 없습니다."

"아직 한 달 반이나 남았습니다. 그리고 계약이 다음 달에 집중적으로 몰려 있습니다. 나도 장담은 못합니다. 그렇지만 하는 데까지는 해봐야죠. 나는 마지막 출근하는 날까지 웃고 즐기면서 직장생활을 하려고 합니다."

공자왈의 포부에 마음속에서 존경심이 솟구쳤다.

'그래, 나도 마지막 날까지 즐겁게 직장생활을 해야겠다.'

배려

나를 알아주는 사람

        회장과 고객사 대표가 계약서에 사인을 한 뒤 악수를 나누었다. 카메라 플래시가 터졌다. 양측 임원들이 도열해 박수를 쳤다. 테니스가 속삭였다.

"저희가 질질 끄는 바람에 심려를 끼쳐드려서 죄송합니다."

위가 손사래를 치면서 말했다.

"아닙니다. 제가 부장님께 평생의 은혜를 입었습니다."

위는 테니스가 1팀과의 계약을 성사시키기 위해 어떤 노력을 기울였는지 짐작할 수 있었다. 테니스로서는 3퍼센트 할인을 제시한 2팀 때문에 내부 설득에 어려움을 겪어야 했다.

전환점을 제공한 것은 J사 계약 소식이었다. 1팀이 J사 사업을 수주했다는 소식은 고객사들의 비상한 관심을 불러일으켰다. 업계 전문지에 1팀의 J사 프로젝트 수주 비화까지 소개되자 연락이 뜸했던 고객사 실무자들의 문의가 빗발치기 시작했다.

108억 2천. 이제 11억 8천만 더 따내면 그들의 구조조정 시도는 무위로 돌아갈 것이다. 마감시한인 다음 주 수요일까지 남은 기간은 정확하게 일주일.

그러나 1팀은 걱정이 없었다. 다음 주 월요일에 두 건의 계약이 체결될 예정이었다. 두 건을 합하면 19억 규모다. 여기에 '오늘 내일' 하는 사스퍼거 회사의 40억까지 합하면 목표를 훨씬 넘어 167억에 이를 것이다.

조인식이 끝났다. 공자왈이 회장을 따라 회의실을 나서며 위에게 말했다.

"위 차장, 회장님 모시고 먼저 들어가겠습니다."

"네, 저는 점심 약속이 있어서요. 오후에 들어가겠습니다."

공자왈이 환하게 웃으면서 회장을 따라 종종걸음을 쳤다. 테니스가 위의 팔을 붙들었다.

"저희 사무실에서 차나 한잔 하고 가세요."

1팀의 계약을 폭발시킨 것은 J사 프로젝트 수주 재료 때문만은 아니었다. 2팀의 적극적인 '성원'에 힘입은 측면도 컸다. 위는 테니스와 함께 엘리베이터를 타면서 미소를 머금었다.

2팀이 3~5퍼센트의 할인을 제시하면서 계약을 빼앗아간 것까지는 좋았다. 하지만 역량보다 많은 물량을 주워 먹다 보니 입이 터지는 것은 어쩔 수 없었다. 사후 지원이 미흡했던 것이다. 고객사들의 불만이 터져나왔지만 2팀에게는 세세하게 대응할 수 있는 준비도 마음자세도 부족했다. 고객들에게는 팔고 나서 '나 몰라라' 하는 얕은 상술로 해석될 수밖에 없었다.

테니스가 차를 한 모금 마시고 말했다.

"소문을 들어보니까 2팀이 1팀을 흡수하려는 모양이죠? 그래서 그렇게 경쟁을 한 것이군요. 외국계 합작회사들은 저희 같은 토종회사와 분위기가 다른 것 같습니다. 저희라면 그런 내부 경쟁은 생각도 못할 텐데요."

위가 대답했다.

"네, 알고 계셨군요. 복잡한 사정이 있습니다. 부장님께서 도와주셔서 저희 숨통이 트였습니다."

"아닙니다. 저로서는 선택한 것밖에 없지요. 소문을 듣고 나서 제가 초조해져서 윗분들한테 계약을 빨리 하자고 자꾸 보챘지요."

위는 테니스라는 인물도 상당히 특이한 성격의 소유자라는 생각이 들었다.

"부장님, 전부터 여쭤보고 싶었는데요. 왜 저희 1팀을 이렇게 도와주시는 거죠? 지금이야 일이 잘 풀렸지만 만약 잘못됐으면 부장님이 덤터기를 쓰실 수도 있었잖아요. 그냥 편하게 2팀 제안을 수용하실 수도 있었을 텐데요."

테니스가 차를 한 모금 더 마시더니 말했다.

"우리가 서로 다른 자리에서 일을 하고 있지만 말입니다, 결국 남는 건 사람입니다. 사람관계만큼 소중한 게 없다고 저는 생각합니다. 위 차장님을 만난 지 얼마 되지 않았지만 저로서는 지기(知己)를 찾았다고 믿거든요. 테니스를 쳐보면 그 사람의 성격을 알 수 있습니다. 사람의 성격을 알면 팀의 색깔을 짐작할 수 있지요. 모든 게 사람에서 시작되지요. 그렇지 않습니까?"

택시에서 내리는데 핸드폰 벨이 울렸다.

"나야."

아내였다.

"이번 토요일에 시간 돼? 예나가 자꾸 어디 놀러가고 싶다고 해서, 경주에 한번 가보면 좋을 것 같아서 말야. 시간되면 1박 2일로 같이 가면 좋겠는데…."

위는 가슴이 터질 것 같았다. 기쁜 일은 한꺼번에 몰려온다더니 지금이 딱 그랬다. 계약목표 달성을 목전에 두고 설레는 마당에 아내에게서 반가운 전화까지 온 것이다.

배려

"응, 그래. 시간은 아주 많아. 시간이 없어도 만들어야지."

아이 사진을 올린 홈페이지에는 아내가 다녀간 흔적이 뚜렷했다. 사진 밑에 '아빠 고마워요' 하는 글이 달려 있었다. 아이가 스스로 홈페이지를 찾아내 그런 글을 남기지는 않았을 것이다. 홈페이지를 만들어 아내와 소통하려던 그의 의도는 목적의 절반 이상을 달성한 것이나 다름없었다.

위는 주말 가족여행을 생각하자 마음이 흐뭇했다. 사스퍼거와의 대화도 어쩐지 잘 풀릴 것 같다는 예감이 들었다.

사스퍼거는 20분이나 늦게 나타났다. 변명도 사과도 없이 앉더니 자랑부터 늘어놓았다.

"위 차장, 여기 처음이죠? 여기는 회원이 아니면 못 들어오는 뎁니다. 그런데 내가 여기 회원이라는 거 아닙니까. 하하하. 이 호텔을 약간 도와주었더니 나한테 회원권을 주더군요. 여긴 프랑스 요리를 꽤 잘해요. 어떤 걸 먹을래요?"

사스퍼거는 달팽이를 빵에 싸서 게걸스럽게 먹었다. 비싼 와인까지 주문해 홀짝 마시면서 요란을 떨었다. 위는 음식 맛을 느낄 수 없었다. 계산할 생각을 하니까 고기 맛이 고무를 씹는 것 같았다.

"그래서 내가 4번 아이언을 골랐죠. 완전히 마음을 비웠다니까요. 부드럽게 휘두르면서 직감을 했어. 이거 제대로 맞았구나 하고. 헌데 언덕을 넘어 가보니까 공이 없지 뭐야. 그래서 한참 동안 두리번거리는데 캐디가 '여기 있어요. 이글!' 하면서 공을 홀에서 꺼내더라고. 기절하는 줄 알았다니까."

사스퍼거의 골프 매너는 업계에 소문이 자자했다. 정말로 이글을 기록했는지, 아니면 주머니 속에 있던 공을 슬쩍 꺼내 홀에 넣어두었는지 알 수 없었다.

식사가 끝날 무렵 위가 고대하던 얘기가 나왔다.

"계약은 다음 주 화요일로 확정되었어. 어제 내가 말한 대로 일단 실무자 계약을 하고 양사 대표 조인식은 7월 초에 하든가 말든가. 우리 사장님이 행사를 싫어하셔서 조인식은 하지 않을 가능성이 많다고 봐야지. 어쨌든 우리 회사도 일정에 쫓기고 있기 때문에 다음 주 화요일에는 꼭 계약을 해야 합니다."

위는 벌떡 일어서서 만세라도 부르고 싶었다. 그토록 얄밉기만 하던 사스퍼거가 구세주처럼 보였다. 사실, 사스퍼거가 계약을 해주지 않아도 대세에 큰 지장은 없었다.

하지만 위는 승리의 깃발을 굳건하게 꽂고 싶었다. 자신이 큰 기여를 하고 싶다는 욕심도 있었다. 월요일까지 127억을 해놓

배려

고, 화요일에 40억을 추가하면 그것으로 쐐기를 박는 것이다. 고지가 눈앞에 보였다.

⋅ᆞᆺᆞ(ᆞ)ᆞᆺᆞ⋅

요술공주는 위가 들어서는 것을 보더니 슬며시 고개를 돌려 딴청을 부렸다. 위를 맞이하는 사람들의 표정이 어색했다. 40억 대형 계약을 성사시키고 돌아온 개선장군을 맞이하는 태도가 아니었다. 직업조문객과 명함수집가가 떨떠름한 표정을 지었다. 조구라가 말했다.

"위 차장님, 아까부터 최 상무님이 찾는데요."

"철혈이 나를 왜 찾지?"

공자왈이 미소를 지으면서 말했다.

"어서 올라가 보세요."

위는 팀원들을 돌아보았다. 모두가 그를 외면하는 듯했다. 역시 그것 때문이었다. 철혈이 그를 찾는다니까 한동안 품고 있던 의심이 다시 살아난 것이다.

엘리베이터 문이 열렸다. 위가 뛰어가는데, 안에 있던 여성이 닫힘 버튼을 눌렀다. 그러자 곧 문이 닫혔다. 위는 망연자실한 표정으로 올라가는 엘리베이터를 바라보았다. '사람이 오는

걸 뻔히 보면서도 저렇게 닫아버리는 사람들의 마음속엔 도대체 뭐가 들어 있을까?'

다른 사람을 조금이라도 생각해준다면 그럴 수는 없는 노릇이다. 매너는 단순해 보이지만 사람관계에서 기본이다. 위는 어쩔 수 없이 비상계단 쪽으로 향했다.

"기다리고 있었어. 아직 목마에서 안 내려온 모양이지? 내가 자네를 찾는다니까 1팀 녀석들이 온갖 억측을 하는 모양인데 말이야."

철혈이 소파로 옮겨 앉으면서 말했다.

"네, 그게⋯."

위는 얼버무리면서 생각했다. 그런데 철혈이 어떻게 1팀에서 일어나는 일을 저렇게 속속들이 알고 있는 것일까?

"40억 건은 다음 주 화요일에 계약하기로 했다면서?"

"그게 그러니까⋯."

철혈이 말을 가로챘다.

"적당히 핑계를 대서 연기시킬 거지? 며칠 미루는 건 일도 아니잖아, 그렇지?"

"아, 그런데요. 저쪽에서 빨리 진행하자고 서둘러서요."

"계약을 안 하자는 게 아니잖아. 조금 미루자는 것이지. 그리

배려

고 회사를 위하는 일인데 왜 그렇게 결단을 못 내리는 거야? 내가 보장한다니까 그러네. 기획실 차장으로 복귀시켜 준다니까."

위는 자신의 결심을 말했다.

"상무님, 저는 기획실로 돌아가고 싶지 않습니다. 1팀에 와서 일을 해보니까 제가 올린 보고서가 잘못되었다는 사실을 깨달았습니다. 제가 40억을 하든 안 하든 이미 끝났습니다. 월요일이면 120억을 넘어설 거라고요."

위는 재떨이가 날아오면 어떻게 피해야 할지 궁리하면서 철혈을 바라보았다. 가까이 마주 앉았으니까 전광석화처럼 움직여야만 했다.

그러나 철혈은 미동도 하지 않고 앉아 있었다. 마침내 철혈이 입을 열었다. 또박또박 끊어지는 말투였다.

"온정주의에 빠지지 말라고 경고한 적 있지. 이성적으로 판단을 하라고."

위는 철혈이 원하는 답을 하지 않았다.

"그만 나가 봐."

철혈은 위를 외면하듯 돌려 앉으며 차갑게 말했다.

팀원들은 회의실에 모여 있었다. 위가 들어서자 사람들의 시선이 일제히 달려들었다. 마치 간절하게 기다렸던 결과를 눈앞에 둔 표정들이었다. 그가 철혈을 만나는 동안 여러 가지 말들이 오갔고, 그 내용이 팀원들의 태도를 바꾼 듯했다.

위는 공자왈과 눈이 마주치자 웃음을 지으며 고개를 저었다. 그것은 철혈의 마지막 회유에 넘어가지 않았다는 표현이었다.

공자왈이 벌떡 일어서더니 박수를 보냈다. 다른 팀원들도 모두 일어서서 박수를 치기 시작했다. 이제 그들은 굳이 말이 필요없었다. 위는 웃으면서 고개를 숙여 답례를 보냈다.

회의가 진행되는 동안, 아무도 위와 철혈의 대면에 대해 언급하거나 묻지 않았다. 월요일로 예정된 계약건에 대해서만 최종 점검을 했다. 이제 남은 것은 이틀뿐이다. 이틀이 지나면 주말이고, 곧바로 월요일이 온다.

위는 주말에 가족과 함께 여행을 떠날 것을 생각하니 가슴이 설레었다. 어떻게 아내와 아이의 마음을 살까를 잠시 생각했다.

요술공주가 위의 공상을 깼다.

"위 차장님, 커피 돌리셔야죠. 저번에 J사 계약 때는 어쩌다 보니까 그냥 넘어갔잖아요. 이번에는 어림도 없어요. 비싼 커피로 쫙 깔아주세요."

프로젝트 1팀에는 첫 계약을 따낸 사람이 부서 전원에게 음료를 내는 전통이 있었다. 처음에는 회식이었지만 IMF 위기 이후로 간소화되어 간단하게 차를 돌리는 것으로 바뀌었다.

배려

위는 "잠깐만 기다려달라"고 말하면서 회의실 밖으로 나와 전화를 걸었다. 커피전문점에 배달을 신청했다.

잠시 후 종이컵에 담긴 음료들이 배달되었다. 위가 음료를 사람들 앞에 놓아주자 모두들 탄성을 질렀다.

"차장님, 언제 이렇게 우리들 입맛을 파악해 놓으셨죠? 깜짝 놀랐어요."

공자왈에게는 냉녹차가, 직업조문객에게는 헤즐넛이, 명함수집가에게는 아이스커피가 각각 놓였다. 요술공주는 녹차라떼를 받았고 다른 사람들 역시 평소 즐기는 음료를 앞에 놓고 좋아했다.

위는 미소를 머금었다. 평소 사람들의 습관을 눈여겨보면 그들을 위해 즐거운 일을 할 기회가 늘어나게 마련이다. 음료를 사준다는 것은 대단히 큰일은 아니다. 그러나 입맛까지 파악해두었다가 상대방이 원하는 것을 헤아려 주문해준다면 얘기가 달라진다. 직업조문객의 말처럼 사람들은 작은 일에 감동을 받는다. 작은 것이지만, 그 안에는 커다란 마음이 들어 있기 때문이다.

위는 생각했다.

'저 사람들도 나와 다를 바가 없겠지. 사람은 누구나 지기(知己)를 만나기를 원하니까. 나를 알아주는 이만큼 반가운 사람이 어디 있겠는가.'

즐겁게 살기 위한 조건

인도자는 흐뭇한 표정을 지었다.

"그래서 내일 아침에 같이 여행을 간단 말이지? 참 잘되었구만. 나는 자네가 가정에서도 그런 어려움에 처해 있었는지는 몰랐네. 잘된 일이야. 마음을 열어놓고 솔직하게 대화를 하라고."

위가 목례를 하면서 말했다.

"모든 게 다 고문님 덕분입니다. 고문님을 만나지 못했더라면 저는 계속 겉돌 뻔했습니다. 그러다가 포기하고 좌절했겠지요. 감사합니다, 고문님."

"내가 해준 게 뭐가 있나? 인생이란 게 스스로 선택하고 각자의 길을 가는 것뿐이지."

배려

"아뇨, 고문님이 제 눈을 뜨게 해주셨습니다. 작년 11월이던가요. 저한테 사스퍼거라면서 구박을 하셨죠? 하하하. 고문님 말씀이 맞더군요. 정말 사스퍼거 맞습니다. 대책이 없는 인간이죠."

인도자가 말했다.

"내가 여기서 보니까 사람들마다 스타일이 서로 다르더군. 어떤 사람은 부드럽게 말해도 알아듣는데, 또 어떤 사람은 방어막이 너무 단단해서 먹히지를 않는 거야. 어쩔 수 없이 공격을 해서 무너뜨릴 수밖에. 하지만 묘하게도 그런 사람일수록 누군가가 자신의 방어막을 깨주기를 바라지. 그래서 중요한 건 상대방의…."

위가 인도자의 말을 가로챘다.

"상대방의 관점에서 보라는 말씀이시죠?"

인도자가 미소로 대답했다.

"그래, 바로 그거야. 그건 사람에게 다가서는 첫 번째 예의이기도 해. 진심을 담기 위해서는 자기라는 그릇부터 비워놓아야 하는 거라네. 같은 눈으로 세상을 보면 상대방이 얼마나 기뻐하겠어. 또 다른 자기 같은 사람이 옆에 있는데 말이야. 마음이 통하면 함께 어울리는 것이 즐거워지지. 부부든 연인이든 친구든 회사 선후배든 마찬가지야."

"고문님 말씀을 들어보면 저는 방어막이 단단했던 모양이죠?

고문님한테 혼쭐이 나지 않았습니까?"

"맞아. 똑똑하다고 자부하는 사람일수록 자기 방어에 열심이지. 이날 이때까지 자기를 갈고 닦아서 이만큼 발전해왔는데 결함이 생기면 쌓아놓은 것이 송두리째 무너질까 봐 두려운 거야. 그래서 잘못을 인정하지 않으려는 경향이 있지. 그러면서도 그걸 누가 깨주기를 바라는 이중성을 갖고 있어."

위가 조심스럽게 질문을 했다.

"혹시 고문님이 '인도자'라는 별명을 얻은 것도 그런 이유 때문이 아닌가요? 고문님을 만난 사람들은 거의가 회사 문 밖으로 인도를 받았다고 하던데요. 그 사람들은 자기변화가 두려워서 그랬던 것 아닌가요?"

인도자가 유쾌하게 웃었다.

"하하하, 맞아. 다들 '인도자'라고 하더군. 그렇지만 남아 있는 사람도 많아. 자네 부장만 해도 잘 있잖아. 회사를 떠난 사람들도 제 갈 길을 찾은 것뿐이지. 어쨌든 나를 만난 대부분의 사람들은 변화를 경험했지. 몇몇 사람은 지금도 자주 만나는데 잘들 살고 있어. 회사 밖으로 인도하는 게 아니라 진실된 삶의 세계로 인도하는 거라네."

인도자가 일어서서 책상으로 가더니 서랍에서 뭔가를 꺼내어 위에게 내밀었다. 전에 받은 것과 같은 모양의 카드였다.

배려

위가 물었다.

"이번에는 누가 한 말인지 없네요. 공자 말씀인가요?"

인도자가 미소를 지으며 말했다.

"아니, 신약성서에 나오는 말이야. 성경에 이런 말씀이 있지. '너희 중에 누구든지 크고자 하는 자는 너희를 섬기는 자가 되고, 너희 중에 누구든지 으뜸이 되고자 하는 자는 너희의 종이 되어야 하리라.' 이건 남에게 대접을 받고자 한다면 먼저 남을 대접하라는 의미라네."

위가 카드에 적힌 말을 되새기는데, 인도자가 조그마한 봉투 하나를 다시 내밀었다.

"세 번째 카드야. 이것도 간직해두게. 살다 보면 또 어떤 어려움을 겪을지 몰라. 정말 견디기 어렵다고 생각될 때, 그때 이걸 열어보게."

위는 호쾌하게 웃으면서 봉투를 받아 바지 뒷주머니에 넣었다.

"뭐, 이제 다 끝났는데요."

인도자가 정색을 하고 말했다.

"끝났다고? 글쎄. 아직 끝난 게 아닐 수도 있어. 자네만의 인생 키워드를 만들어보게. 내가 준 카드를 보고 자네가 인생의 궤도를 수정할 수는 있지만, 그건 근본적인 문제 해결이 아니야. 어떤 어려움이나 회유에도 굴하지 않는 자신을 만들려면 인생

키워드가 있어야 하는 거야. 지금부터 그게 뭔지 찾아보게."

"인생의 키워드라고요?"

"괄호 안에 들어갈 단어 말이야."

배려

두 번째 카드

즐거움의 조건

너와 나를 위한 (   )

"
상대방의 관점으로 보라!
"

크고자 하거든 남을 섬기라.

欲爲大者 當爲人役

―『한역(漢譯)성경』

3부

성공의 조건

원인은 나에게 있다

　　아이는 얌전하게 구경을 했다. 유치원생답지 않게 박물관 안내자의 설명을 차분하게 들었을 뿐 아니라 금관을 보면서 "정말 예쁘게 만들었네!" 히며 중얼거리기도 했나.

　잘 다듬어진 길을 지나자 고분들이 나타났다. 티 없이 맑은 초여름의 하늘이 고분까지 코발트색으로 물들일 것만 같았다.

　아내가 아이에게 장난을 걸었다. 옆구리를 간질이자 아이가 잔디 위를 구르면서 즐거워했다. 아내도 함께 뒹굴며 웃음을 터뜨렸다. 그는 몸을 최대한 낮춘 채 모녀의 아름다운 모습을 따라 카메라를 움직이며 연신 셔터를 눌러댔다. 카메라 액정화면에 잡힌 것은 아내와 아이뿐만이 아니었다. 맑은 하늘과 잔디,

그리고 오랜만에 느껴보는 짜릿한 쾌감 등이 화면을 가득 채우고 있었다.

'그래, 행복은 스쳐 지나가는 순간의 느낌인지도 몰라. 그 느낌이 아름다운 추억이 되는 것이고⋯. 순간의 행복한 느낌도 그냥 만들어지는 건 아니겠지.'

그는 천마총에서 먼저 걸어 나왔다. 아이는 엄마의 설명을 들으면서 호기심 어린 눈을 깜빡이고 있을 터였다. 위는 벤치에 걸터앉아 찍은 사진들을 살펴보기 시작했다. 아내는 정말 오랜만에 함박웃음을 짓고 있었다.

사진은 만족스러웠다. 아내와 아이가 즐거워하는 순간이 정지 상태로 담겨 먼 훗날에도 남아 있겠지. 헌데 뭔지 모르게 허전했다. 그는 그 허전함의 정체를 곧 밝혀낼 수 있었다. 바로 자신이 빠져 있었던 것이다.

위도 어쩔 수 없이 아버지의 운명을 따라가고 있었다. 가족사진을 찍어주느라 자신의 모습은 남기지 못했던 아버지.

잠에 취해 업혀 들어온 아이는 바닥에 등을 대자마자 그대로 곯아 떨어졌다. 대자로 누워 코까지 고는 모습이 너무나도 귀여웠다.

"어쩌면, 무슨 여자애가 잠자는 모습이 아빠와 이리 닮았니?"

배려

이불을 덮어주던 아내가 입을 가리고 웃었다. 왼쪽 볼에 살짝 보조개가 잡혔다. 그녀를 처음 본 날, 그를 설레게 했던 바로 그 미소였다.

위는 방 안의 더운 공기 때문에 창문을 조금 열었다.

"오늘 고마워. 예나가 이렇게 좋아할 줄 몰랐어."

아내가 어색한 침묵을 깨려는 듯 말했다.

"아냐, 나도 좋았어."

그는 망설이다가 아내 옆에 앉았다. 때로는 마주보는 것보다 나란히 앉아 한곳을 바라보며 이야기하는 것이 나을 때가 있다. 지금이 그럴 때라고 그는 생각했다. 옆에 앉아 허심탄회하게 얘기하고 싶었다. 이번이야말로 절호의 기회였다. 잘 풀리기만 한다면 밤을 새워서라도 아내를 설득하지 못할 이유가 없었다. 위는 조심스럽게 말을 꺼냈다.

"다 내 잘못이야. 내가 너무 이기적이었어. 네 마음 아픈 건 생각도 안 하고, 나만 이해해달라고 강요했으니까. 내가 욕심이 너무 많았나 봐. 남들이 가진 건 나도 다 가져야 한다고 악에 받쳐서 살았잖아. 미안해."

그는 아내에게 진심으로 사과했다. 사과가 받아들여지지 않더라도 이 순간 자신의 진심만은 의심받지 않기를 필사적으로 희구했다. 아내를 바라보지 못한 채 위는 온몸의 신경을 모아 아내를 향해 귀를 열어놓았다.

아내는 말없이 창문 밖으로 낮게 이어진 돌담을 바라보고 있었다. 언덕 길 아래 개울물 흐르는 소리, 사람들이 두런거리는 소리들만이 위의 귀를 두드렸다.

"아냐, 우리 둘 다 여유가 없었던 것 같아."

아내가 부드러운 어조로 말했다. 아내가 하는 말의 의미를 이해한 것은 몇 초가 지나서였다. 진심을 받아들인다는 뉘앙스로 들렸다. 위의 마음속 깊은 곳에서 '뚝' 하는 소리가 들렸다. 그곳에 단단하게 얼어 있던 얼음이 녹아 깨지기 시작했다.

"너는 항상 날 위해주었지. 그런데 난 대체 널 위해서 마음을 얼마나 썼을까 하고 생각해보니까 세상에 나 같은 놈이 없더라. 그러면서 너한테 계속 희생하라고 요구하기만 했잖아."

"아냐, 내가 뭘 바라고 그런 건 아냐. 그냥…."

"정말 미안하다. 말 한마디를 해도 '아' 다르고 '어' 다른 건데 나는 네가 마음 아파할 말만 골라서 했잖아. 가까운 사이일수록 예의를 지켜야 한다는 걸 이제야 깨달았어. 내가 네 입장을 조금이라도 이해하려고 했다면 그렇게 하지는 않았을 텐데."

마음속의 얼음이 녹아 물이 되어 흘러내리기 시작했다. 가슴에 담아두었던 원망과 회한 같은 감정들이 물에 씻겨 마음 밖으로 거침없이 쏟아졌다. 서로가 좋아 만났고 결혼했다. 평생 동

배려

안 무엇을 주어도 아깝지 않다고 믿었다. 그런데 그런 결심이 겨우 몇 년 만에 싹 잊혀졌던 것이다.

원인 제공자는 위, 자신이었다. 아내가 자신에게 쏟는 정성을 당연하게 여겼다. 그러면서 아내가 원하는 것을 해준 기억은 나지 않는다. 아니, 아내가 무엇을 원하는지에 대한 관심도 없었다. 아내의 관점에서 바라본 적이 없었던 것이다. 어느 순간부터 즐거움이 사라지고 결혼생활은 끔찍하기만 했다. 아내가 그런 자신에게 지치기 시작하면서부터였다. 그런데도 지금 아내는, 그를 용서하려 하고 있다.

아내의 어깨가 가깝게 느껴졌다. 아내가 말했다.

"난 갈라설 생각은 없었어. 서로 떨어져서 생각할 여유를 가지면 좀 나아질 줄 알았지. 서류 보낸 건, 만나보고 싶어서였어. 내가 없어도 괜찮은지 궁금했거든. 그렇게까지 할 필요는 없었는데 마음 상하게 해서 미안해."

"그래서 이렇게 만났잖아. 여행까지 같이 오고…. 나한테 반성할 기회를 줘서 고마워."

아내의 옆모습을 보니 눈가에 눈물이 맺혀 있다. 침묵이 흘렀다. 누가 먼저 다가간 것일까. 왼쪽 어깨에 아내의 어깨가 맞닿았다. 아내의 따스한 체온이 전해져 왔다. 항상 옆에 있어준 아내. 그렇게 옆에 있는 것이 너무도 자연스러워 때로는 존재감마

저 느끼지 못했던 아내였다.

아내가 머뭇거리다가 말문을 열었다.

"사실은 나….”

그는 슬며시 왼손을 뻗어 아내의 어깨에 두르려고 했다. 그러면 아내는 가슴에 머리를 묻고 울음을 터뜨릴 것만 같았다.

'따르릉, 전화 왔어요.'

핸드폰 벨소리가 아내의 입을 틀어막았다. 아내가 흠칫 놀라더니 그를 바라보았다. 그는 손을 거둬들여 바지 주머니에 댔다. 핸드폰은 거기에 없었다.

'따르릉, 전화 왔어요.'

아내의 눈빛이 흔들리면서, 표정을 지운 얼굴로 옷걸이를 바라보았다. 벨소리는 옷들을 비집고 나와 방안을 가득 채웠다.

'따르릉, 전화 왔어요.'

벨소리가 전화를 받지 않으면 큰일이라도 날 것처럼 그를 잡아끌었다. 밤 11시 45분. 이 시간에 전화를 거는 몰염치한 사람이 있다니. 위는 아쉬운 몸짓으로 일어서서 점퍼 호주머니에서 핸드폰을 꺼냈다.

"여보세요.”

"아! 위 차장. 납니다.”

배려

혀 꼬부라진 목소리가 말했다. 미운 놈은 미운 짓만 골라서 한다더니 사스퍼거였다. 누군가 옆에서 시시덕거리는 소리도 함께 들렸다.

"내가 오늘 몇 타 쳤는지 알아? 크하하, 싱글이 됐다는 거 아냐. 일흔여덟 개를 쳤어. 끝내주지! 뭐해? 축하해줘야지. 같이 친 사람들이 한턱내라고 해서 여기까지 끌려왔다는 거 아냐. 위 차장, 빨리 나와."

반말에 명령조다.

"저 지금 가족들하고 같이 있는데요. 미안합니다."

위는 감정을 누르고 최대한 공손하게 말하려고 노력했다.

"어! 그래. 팔자 좋구만. 팔자 좋아. 빨리 나오라고."

"죄송합니다. 제가 다시 연락드리겠습니다."

위는 전화를 끊었다. 아내를 보니, 아이가 차낸 이불을 덮어주고 있다. 핸드폰을 주머니에 넣고 아내에게 돌아서는데 벨이 다시 울렸다.

"위 차장, 왜 전화를 끊고 그래. 누구 가족 없는 사람 있나? 여기가 어디냐 하면 말이야…."

"지금은 중요한 일이 있어서…. 죄송합니다. 나중에 전화드리면 안 되겠습니까?"

옆에 있다면 주먹이 날아갔을 것이다.

"위 차장, 나중이라니? 그럼 나보고 어떡하라고?"

위는 아내의 눈치를 살폈다. 그래도 40억이 걸린 계약의 담당자다. 위는 분노를 꾹 참아 누르고 민박집 마당으로 나갔다. 사스퍼거는 계속 재촉했다.

"위 차장, 이래도 되는 거야? 빨리 나오라니까."

"지금 여기는 경주입니다. 어떻게 해드리고 싶어도…. 죄송합니다."

"경주? 이건 배 째라는 얘기네."

"제가 서울 올라가서 조치를 취해드리겠습니다."

"이 사람, 편한 소리 하네. 당신 정말 이래도 되는 거야? 빨리 나와. 여기가 어디냐 하면 말이야…."

사스퍼거는 계속 같은 소리를 반복하고 있었다. 위는 결국 전화를 끊어버리고는, 배터리를 빼서 땅바닥에 던져버렸다. 생각할수록 화가 나서 견딜 수가 없었다. 가슴속에서 불이 솟는 것 같았다.

마당을 서성이다가 간신히 분노를 삭이고 방으로 들어섰다. 아내는 아이 옆에 누워 눈을 감고 있었다. 위는 옆으로 다가가 앉았다. 다시 얘기를 꺼내 끊겼던 감정의 끈을 이어보고 싶지만 어떻게 말을 해야 할지 머릿속에 떠오르지 않았다. 아내는 눈을 감은 채 미동도 하지 않았다.

배려

위는 일어나 불을 껐다. 아내 옆에 누웠다. 아내는 꿈틀하더니 다시 조용해졌다. 위는 눈을 감았다. '아침에 일어나서 다시 얘기해보자.'

아내는 등을 돌려버렸다. 울화가 치밀었다. 어떻게 만든 기회인데.

⸰⟨ ⟩⸰

비는 끊어질 듯 다시 이어졌다. 뒷자리에서는 아이의 기침소리만 들렸다. 아내가 안고 토닥여 잠을 재우려 하지만 아이는 쏟아져 나오는 기침 때문에 힘들어했다. 아내는 말이 없었다. 무슨 생각을 하는지 알 수 없었다. 섣불리 말을 꺼냈다가는 분위기가 더 이상해질 것 같아 겁이 났다.

앞에는 끝을 모르게 늘어선 자동차 행렬. 갓길로 달리던 차가 갑자기 끼어드는 바람에 급브레이크를 밟았다. 욕지거리가 튀어나오려는 것을 간신히 참았다. 세상에 웬 사스퍼거들이 이렇게도 많은가.

여덟 시간의 운전 끝에 처가에 도착했다. 진이 빠졌다. 위는 재빨리 차에서 내려 우산을 받쳐주었다. 아내가 아이를 안고 차에서 내린다. 이렇게 보낼 수는 없다. 너무 아쉽다.

위는 간절한 눈빛으로 부탁했다.

"얘기 좀 더해. 우리 회사 맞은편에 '카페오레'라는 커피전문점이 있어. 내일 저녁 7시에 거기 2층에서 보자. 나올 수 있지?"

아내가 고개를 끄덕인 것도 같고 아닌 것도 같다. 아내는 아이를 안고 현관 쪽으로 뛰어갔다. 뒤도 돌아보지 않고 안쪽으로 사라졌다. 마치 그에게서 떠났을 때처럼.

위는 우산을 비껴 든 채 비를 맞았다. 다시 원점으로 돌아간 것인가.

또 하나의 학교

비는 이틀째 이어지고 있었다. 위는 사무실에 들어서자 양복저고리에 묻은 빗물을 털어 옷걸이에 걸었다. 사무실에는 아무도 없었다. 월요일부터 지각이라니. 다른 팀원들은 벌써 회의에 들어간 모양이었다.

만원 지하철 때문이었다. 사람들 틈에 끼어 허우적대다가 갈아탈 곳에서 내리지 못하는 바람에 지각을 하고 말았다.

업무수첩과 필기구를 챙겨 회의실로 들어가려는데 직업조문객이 뛰어나왔다.

"위 차장! 너도 확인해봐. 긴급 상황이야. 나 지금 H사에서 전화 받았는데 계약을 다음 주로 연기하잔다. 유 대리도 방금 U사로부터 똑같은 전화를 받았어."

직업조문객이 말하면서 수화기를 들고 버튼을 누르기 시작했다. 느닷없이 따귀를 맞은 것 같았다.

위는 자기도 모르게 전화를 잡으면서 물었다.

"연기하자는 이유가 뭐야? 왜 그러는데?"

"몰라. 다 내부 사정이래. 서로 짠 것처럼 연기하자고 연락이 왔어. 여보세요? 아! 송 과장님, 접니다. 죄송합니다. 좀 전에는 제가 경황이 없어서요. 오늘 계약이 어렵다면 내일은 어떻습니까? 조인식 행사를 하는 것도 아닌데 그냥 우리 둘이서 계약서 도장 찍어서 교환하면 되지 않겠습니까? 어차피 결재가 난 사항이잖아요."

위는 황급히 전화번호를 눌렀다. 여직원이 전화를 받았다. 사스퍼거는 회의중이라고 한다. 그는 메모를 남기고 전화를 끊었다. 사스퍼거는 "사정이 급하니 빨리 계약을 해야 한다"라고 말했었다.

토요일 밤에 약간의 신경전을 벌이기는 했지만 사스퍼거가 취중에 호기를 부린 것일 테니 문제가 되지는 않을 것 같았다. 다른 계약에 차질이 있더라도 40억만 있으면 된다. 불행 중 다행이었다.

직업조문객이 애원조로 통화 상대에게 말했다.

배려

"송 과장님, 제 사정 아시잖아요. 이번 한 번만 도와주세요. 제가 지금 찾아뵙겠습니다."

조문객이 윗도리를 걸치고 우산을 드는데 회의실에서 팀원들이 나왔다. 모두가 당황스러운 표정을 하고 있었다. 공자왈이 위에게 물었다.

"위 차장, 그쪽에서는 연락이 없었나요?"

"네, 29일에 계약을 꼭 해야 한다고 했거든요. 그쪽 입장에선 더 미루자고 하기 어려운 것 같던데요."

명함수집가를 비롯한 멤버들이 외출 채비를 하기 시작했다.

"전화 걸지 말고 직접 가보세요. 분위기가 심상치 않습니다. 주말 사이에 뭔가가 있었던 것 같습니다. 나도 지금 유 대리랑 같이 U사에 가보려고 합니다."

"철혈이 공작을 한 건가요? 어떻게 이런 일이 ···."

"확실치는 않습니다만, 계약부터 살려내야죠. 어쨌든 우리가 겪어야 할 일입니다. 보석은 마찰 없이 가공될 수 없고, 사람은 시련 없이 나아질 수 없다는 말이 있습니다. 마지막 시련이라고 생각합시다."

지하철이 한강 다리 위에 올랐다. 앞 전동차가 밀렸는지 속도를 늦추어 덜컹거리며 서행하기 시작했다. 다리 밑으로 부연 흙

탕물이 보였다.

핸드폰 벨이 울렸다. 위는 승객들의 눈치를 보며 목소리를 죽여 전화를 받았다.

"여보세요."

"위 차장, 요즘 일 잘되나?"

음산한 목소리의 주인공은 철혈이었다.

"…"

"나는 그래도 자넬 생각해서 공을 세울 기회를 준 건데, 그 기회를 발로 차버렸군. 자네가 뭐가 대단하다고 그런 기회를 준 것 같아, 응? 그럼 수고하라고."

철혈의 목소리는 지옥에서 새어나오는 악마의 속삭임처럼 축축하고 기분 나빴다. 철혈은 할 말만 하더니 전화를 끊었다. 열차가 다리를 지나 터널 안으로 들어섰다. 시커먼 공포가 입을 벌려 열차를 냉큼 삼켰다.

"계약해준다니까 그러네. 안 한다는 게 아니잖아. 다음 주 월요일 날 계약하자고."

사스퍼거가 답답하다는 듯 소리를 질렀다. 나이도 어린 놈이 이제는 노골적으로 반말지거리다. 위는 허벅지를 꼬집으며 머리를 조아렸다. 허벅지라도 꼬집지 않으면 벌떡 일어서서 녀석

배려

의 면상을 차버릴 것만 같았다.

"제발 저희 좀 살려주십시오. 저희 팀 열한 명의 생사가 달린 문젭니다. 한번 살려준다고 생각하시고 내일 계약 좀 해주십시오. 이렇게 부탁드립니다."

위의 속이 타는 것을 짐작했는지 부사수가 얼음물을 가져다주었다.

"사장님이 조인식을 싫어하신다고 하지 않으셨습니까? 그런데 왜 갑자기…."

"그걸 내가 어떻게 알아? 노인네가 변덕을 부리는 거겠지. 하여튼 다음 주 월요일 아침 일찍 계약할 거니까 그때 보자고."

사스퍼거는 위의 말에는 아랑곳하지 않고 말했다.

위는 다시 고개를 숙이고 용서를 빌었다.

"주말에는 제가 잘못했습니다. 중요한 일이 있어서 저로서는 어쩔 수 없이…."

사스퍼거는 코웃음을 치면서 일어섰다.

"경주는 무슨 경주야. 집에 퍼져 있다가 귀찮아서 거짓말을 했겠지. 난 바쁘니까 이제 그만 가보쇼."

위는 따라 일어서서 응접실 밖으로 나왔다. 사스퍼거가 문득 생각난 듯 돌아보며 말했다.

"그나저나 당신네 회사 명 부장인가 하는 사람, 아주 마음에 들더군. 30분도 안 되어서 튀어나오던데? 비즈니스를 하려면 그 정도 경쟁력은 있어야 하는 거 아냐? 그렇게 겸손할 수가 없더군. 유학파 박사란 얘기 듣고 깜짝 놀랐다니까."

위는 그 자리에 얼어붙었다. 역시 그랬다. 외국물이 사스퍼거에게 수작을 부린 것이었다.

사스퍼거가 다시 말을 이었다.

"명 부장이 다음 달에 중국 골프 투어를 같이 가자고 하던데? 그렇게 멋있는 사람이 일도 잘하는 법이지."

몸에서 힘이 썰물처럼 빠져나갔다.

부사수가 엘리베이터 앞까지 따라 나왔다. 뭐라고 위로를 해주는 것 같은데 들리지 않았다. 위는 습관처럼 고개를 숙여 인사하고 열린 문 안으로 빨려들어 갔다.

'그럼 그렇지. 내 팔자에 가당키나 해.'

그는 회사 로비로 들어서며 쓴웃음을 지었다. 행복이니 성공이니 하는 말들은 자신에게 어울리지 않는 배부른 용어들일 뿐이었다.

남들한테 베풀라고? 그렇게 해서 돌아온 게 뭔가. 베풀면 좋

배려

다는 걸 모르는 사람이 어디 있겠는가. 결국에는 손해만 본다는 걸 아니까 그렇게 못하는 것 아닌가.

그리고 엄밀하게 보면 그런 뻔한 얘기들은 성공한 사람들이 자기들을 우상화시키려고 '화장발'을 세우는 것에 지나지 않는다. 자기들이 베푸는 삶을 실었다면서 치부를 숨기려는 이미지 메이킹일 뿐이다.

처음부터 철혈의 지시에 따랐어야 했다. 그랬다면 실직을 면하는 것은 물론, 친정인 기획실로 돌아가 다시 승승장구할 수 있었을 것이다. 다 아는 도덕 교과서 같은 소리를 따라했다가 이게 뭐란 말인가.

가슴이 터질 것 같았다. 그는 사무실로 들어서자 공자왈의 자리를 확인했다. 공자왈에게 분노를 터뜨리고 싶었다. 하지만 사무실에는 요술공주밖에 없었다. 요술 공주 혼자서 전화를 받느라 진땀을 빼고 있었다.

'그래, 인도자! 인도자한테 따져야겠어.'

그는 넥타이를 풀어 책상 위에 던졌다.

비상계단을 통해 11층으로 뛰어 올라갔다. 그런데 한 층씩 오를 때마다 분노가 묘한 기대감으로 바뀌는 것을 느낄 수 있었다. 혹시 인도자라면 이런 위기에서 탈출하는 방법을 알고 있을지도 몰라. 그래, 그 양반이라면 충분히 그럴 수 있을 거야. 빨리 인도자를 만나야 해. 위의 마음이 급해졌다.

　노크를 했지만 안에서는 대답이 들리지 않았다. 다시 한번 노
크를 했다. 역시 대답은 없었다. 위는 문을 열고 고개를 삐죽 들
이밀었다. 인도자는 자리에 없었다. 언제라도 찾아오랄 때는 언
제고 자리를 비웠단 말인가.
　갑자기 그는 흠칫 놀라 문을 활짝 열었다. 뭔가 달라진 게 있
었다. 방안에는 책상과 의자, 전화를 비롯한 기본 집기들만 놓
여 있을 뿐이었다. 마치 처음부터 비어 있었던 것처럼 썰렁하
기만 했다. 이곳에서 인도자를 만났던 일이 흡사 환상처럼 느
껴졌다.
　그는 수화기를 들고 인사팀 번호를 눌렀다.
　"김 대리? 나 프로젝트 1팀 위 차장이야."
　"네, 선배님. 오랜만입니다. 잘 지내시지요?"
　"그래, 하나만 물어보자. 11층 고문실이 왜 비어 있는 거지?
내가 며칠 전에 여기서 고문님을 뵈었는데 지금 와보니까 텅 비
어 있네?"
　"아, 저도 궁금해하던 참입니다. 다른 임원실 여직원을 통해
서 회사 출입증을 반납하셨네요. 아까 최 대리가 후문 주차장에
서 뵈었는데 짐을 한가득 차에다 싣고 떠나셨다는데요."

배려

"…."

"저희 팀장님도 이유를 모르신다네요."

"퇴사하신 건가?"

"글쎄요, 모르겠습니다. 임원들은 대표이사인 회장님께 사표를 내니까요. 아직 저희한테 통보가 온 건 없습니다."

마지막으로 걸었던 기대까지 물거품으로 돌아갔다. 더 이상 구원의 손길을 내밀어줄 사람은 없었다. 계단을 뛰어오르며 기대감을 가졌던 조금 전 자신의 모습이 초라하기 짝이 없었다. 아무런 생각도 할 수가 없었다.

그는 무거운 걸음을 옮겼다. 정원을 가로질러 난간 쪽으로 다가갔다.

처음 이곳에 올라왔을 때 그곳에 서서 교차로를 보다가 인도자를 만났었다. 비는 어느새 멎어 있었다. 그는 난간 앞에 서서 건물 아래쪽을 내려다보았다. 자기도 모르게 난간을 잡은 손에 힘이 들어갔다.

비의 영향인지 교차로의 소통이 원활하지 않았다. 차들은 꼬리에 꼬리를 물고 끝이 보이지 않는 행렬로 이어져 있었다. 그러나 사거리에서 서로 엉키지는 않았다. 운전자들은 녹색 신호에도 움직이지 않다가 앞차들이 움직이는 것을 감안해 교차로에 진입하곤 했다.

그런데 멀리 차도가 휘어지는 부분에서 차량들이 움찔하는 것이 눈에 띄었다. 그 움직임이 조금씩 앞으로 전해져 오는 게 보였다.

'저게 뭘까?'

소리가 들렸다. 구급차의 신호.

차량들의 움찔하는 움직임이 교차로까지 확산되면서 장관이 펼쳐졌다. 끝도 없이 이어진 차량 행렬이 마치 영화 「십계」의 홍해처럼 갈라졌다. 작은 움직임들이 차선 하나를 만들어냈고, 구급차량이 그 길을 타고 질주해 사거리를 통과했다.

그것은 분명 기적 같은 연출이었다. 높은 곳에서 여유를 가지고 바라보아야만 감상할 수 있는 장관이었다. 위는 수많은 운전자들이 동시에 펼쳐낸 매스게임에 감탄했다. 꽉 막힌 도로에서 운전할 때 구급차에게 차선을 양보해준 적은 있지만, 그런 작은 양보들이 모여 이처럼 장대한 광경을 만들어낸다는 것은 상상해본 적이 없었다.

얼마나 그렇게 서 있었을까. 갑자기 아래쪽에서 누군가의 고함과 비명소리가 들렸다. 철제 난간을 짚고 내려다보니 보행자

배려

통행로에 많은 사람들이 몰려 있었다.

노점상으로 보이는 아주머니가 손수레에 매달린 채 울부짖고 있었다. 단속반원 세 명이 손수레를 빼앗으려고 실랑이를 벌이는 와중이었다. 보도블록 위에 인형들이 널브러진 게 보였다. 아주머니는 손수레를 빼앗기지 않으려고 비명을 지르며 발버둥을 쳤다.

그때 한 여자가 바닥에 떨어진 인형을 줍더니 아주머니에게 다가가 돈을 건넸다. 그것이 신호였을까. 주변에 있던 또 다른 사람이 인형을 주웠다. 그리고 또 한 사람. 단속반원들은 멀뚱히 서 있을 뿐이었다.

재작년이었을 것이다. 텔레비전 단막극에 비슷한 장면이 나온 적이 있다. 노점상 할머니의 손수레가 단속반에 의해 뒤집히자, 구경하던 사람들이 차례로 나와 바닥에 떨어진 사과를 사가는 장면이었다.

아내는 감동을 받았는지 눈물을 닦고 있었다. 위는 그런 모습을 보고 말했다.

"흥! 저게 말이 돼? 드라마에서나 있는 일이지. 요즘 사람들이 얼마나 이기적인데. 저런 일은 현실에서는 일어나지 않아."

아내가 맞섰다.

"왜 말이 안 돼? 저런 딱한 처지를 보면 도와주고 싶은 생각이 안 들어?"

그때는 드라마 속에서나 나올 법한 얘기라고 생각했었다. 요즘 같은 세상에 그런 일이 실제로 일어날 턱이 없었다. 그런데 방금 그의 눈앞에서 그런 드라마 같은 현실이 펼쳐지고 있었다.

마음이 차분하게 가라앉았다. 확실히 11층 베란다에서 내려다보는 세상은 달랐다. 내일 모레 이후로는 다시 이곳을 찾지 못할 것이란 생각이 들자 아쉽기만 했다.

'나는 겉으로는 1팀에 선 것처럼 행동했지만 줄곧 마음속에서는 양다리를 걸쳐왔던 거야. 철혈이 내미는 손을 놓치지 않으려고 계속 미련을 가졌던 거지. 그게 옳지 않은 일이라는 걸 알면서도 그랬어.'

마음을 잠그고 있던 육중한 빗장 하나가 떨어져 내렸다. 관점을 달리해서 넓게 보니 모든 것이 새로웠다.

'나 혼자 서야 해. 그렇게 고생했으면 이제부터는 다른 인생을 살아야지.'

마음을 열자, 능력 있게 보이려고 기를 쓰지 않아도 사람들이 그를 존중해주었다. 사는 게 그런 것이었다. 상대방의 마음을 읽고, 내 마음을 전하는 것. 그리고 그렇게 소통해가면서 하루하루를 즐기는 것. 그런 자잘한 일상이 모여 인생을 만들어가는 것이었다.

배려

눈에 티가 들어갔는지 갑자기 눈물이 났다. 위는 손수건을 꺼내려고 바지 뒷주머니에 손을 넣었다. 손수건은 없고 봉투가 만져졌다. 위는 봉투를 꺼냈다. 봉투 안에는 세 번째 카드가 들어 있었다.

인도자가 위에게 내준 숙세, 인생의 키워드는 배려였다. 위는 다시 양복 주머니를 뒤졌다. 지갑 속에는 나머지 두 개의 카드가 들어 있었다. 위는 세 카드 모두를 반복해서 읽고 또 읽었다. 마치 인도자의 목소리가 들리는 듯했다.

첫 번째 메시지는 '스스로를 위한 배려'가 된다. 솔직하라! 이것은 행복의 조건이다. 두 번째 메시지는 '너와 나를 위한 배려'로, 상대방의 관점으로 보라는 교훈이다. 이것으로부터 즐거움이 시작된다.

마지막 세 번째 키워드는 바로 '모두를 위한 배려'이고 실천 명령은 '통찰력을 가지라'는 것이었다. 여기에서 진정한 성공을 얻게 된다는 메시지였다.

행복과 즐거움, 그리고 성공의 조건은 바로 모두 '배려'라는 키워드에 달려 있었다. 인도자가 위에게 주고자 한 메시지는 분명했다. 배려의 가치를 깨닫게 하는 것이었다.

위는 자기도 모르게 미소를 지었다. 곧 직장을 잃게 될 터이지만, 얻은 것도 있었다. 어쩌면 얻은 것이 더 클지도 모를 일이다. 회사라는 곳은 또 하나의 학교였다. 학교에서 충분히 배우지 못했던 지혜를, 실천하며 깨달아가는 곳이 바로 회사였던 것이다.

배려

세 번째 카드

성공의 조건

우리 모두를 위한 배려

"
통찰력을 가져라!
"

평소에 인정을 베풀면
훗날 좋은 모습으로 볼 수 있다.

凡事留人情 後來好相見

―『명심보감』

최상의 선이란 물과 같은 것이다.
물의 선함은 만물을
이롭게 해주지만 다투지 않는다.
물은 스스로 낮은 곳에 처신한다.

上善若水

― 노자

인생을 바꾸는 것들

위는 초조한 마음에 자꾸 시계를 들여다보았다. 8시 45분. 약속시간에서 1시간 45분이 지났건만 아내는 나타나지 않았다. 어제 만나자고 했을 때는 고개를 끄덕인 것 같았는데.

그는 핸드폰을 계속 만지작거렸다. 아내에게 전화를 걸어 확인해 보고 싶지만 '나가겠다고 약속한 적이 없다' 는 말을 들을 것만 같다. 아내가 안 나올지도 모른다는 예감보다 그런 말을 들을지도 모른다는 두려움이 더 컸다. 만일 아내가 그 말을 한다면, 그동안 그가 기울인 노력은 모두 수포로 돌아가게 된다. 그리고 그것은 '두 사람 사이에 희망이 없다' 는 뜻으로 연결될지도 모른다. 입안이 바짝 말라, 얼음을 깨물어 먹었다. 전화벨이 울렸다.

"위 차장, 지금 어디 있어요?"

공자왈이다.

"회사 앞 커피전문점에서 누구 좀 기다리는 중입니다."

"방금 회사에 들어왔습니다. 얘기 들었습니다. 그쪽도 계약을 미루자고 했다면서요? 이쪽도 요지부동입니다. 지금 그리로 가지요."

"죄송합니다. 제가 한 번 더 참았으면 좋았을 텐데, 그만⋯."

"아닙니다. 상황을 보니까 어떻게 했든 마찬가지였을 것 같습니다. 그리고 그런 사람한테 하염없이 끌려다닐 수도 없는 노릇이지요. 사람들이 원하는 것을 주는 것만이 능사는 아닙니다. 때로는 단호하게 거절할 줄도 알아야 합니다. 그게 궁극적으로는 그 사람을 위한 거절이 될 수도 있습니다."

"부장님께서 저를 비밀병기로 쓰셨는데 실패하고 말았네요."

"그러게 말입니다. 40억짜리 특수 섹터 계약에는 위 차장만한 적임자가 없었지요. 작년부터 눈독을 들였던 프로젝트인데 우리 팀에 맡길 만한 사람이 없어서 고민했었지요. 어쨌든 상황 판단도 좋았고 우리 컨설턴트들하고 위 차장의 궁합도 잘 맞았습니다. 그렇게 짧은 기간 동안 계약 직전까지 간 것만 해도 대단한 성과였지요."

"이제 어떻게 하실 겁니까?"

"우리로서는 쓸 수 있는 카드를 전부 썼습니다. 그래서 이만
큼이나마 올 수 있었겠지요. 내일 아침 회의에서 봅시다. 아직
이틀이 남았습니다."

9시 50분. 아내는 여전히 나타나지 않았다. 위는 마침내 아내
의 핸드폰으로 전화를 걸었다. 신호가 가지만 받지 않는다. 처
가로 전화를 해본다. 역시 받지 않는다. 다시 아내의 핸드폰으
로 전화를 건다. 이번에는 전화기가 꺼져 있다.

10시. 결국 그는 일어섰다. 도심의 밤이 적막하기만 하다. 거
리에서 매캐한 유황 타는 냄새가 났다. 그는 고개를 떨군 채 지
하철역 입구로 들어섰다.

:◦〔❀〕◦:

사스퍼거도 부사수도 좀처럼 들어오지 않았다. 사스퍼거의 핸
드폰은 불통이었다.

"언제 들어오실지 몰라요. 두 시간이나 기다리다 돌아가셨다
고 제가 꼭 전해드릴게요. 우리도 점심 먹으러 가야 하거든요."

여직원이 응접실 문 옆에 서서 말했다. 공손한 어조였지만 '나가달라'는 말이었다.

짙은 먹구름이 금방이라도 내려앉을 기세였다. 빗줄기가 굵어졌다. 위는 우산을 펴들었다.

'어디로 가야 하나.'

회사로 돌아가기는 싫었다. 사무실을 혼자 지키고 있는 요술공주에게 '포기하고 돌아왔다'고 말하고 싶지 않았다. 요술공주가 걸고 있는 기대를 처음으로 무너뜨리는 사람이 될 수는 없었다. 아침 회의에서 명함수집가가 말했었다.

"좋은 소식이 있으면 곧바로 회사에 전화를 합시다. 그러면 문자 메시지를 통해서 다들 금방 알 수 있으니까요."

아직까지 요술공주의 문자 메시지는 없었다. 다들 계약서 도장을 받으려고 안간힘을 쏟고 있지만 원하는 대로 풀리지 않고 있는 모양이었다. 이로써 남은 이틀 중에서 반나절이 사라진 셈이다.

주변의 고층 빌딩들이 입을 벌리더니 넥타이 부대들을 뱉어내기 시작했다. 거리가 가지각색 우산들로 가득 찼다. 우산을 받쳐든 직장인들이 삼삼오오 근처 식당으로 들어가고 있다.

위는 아침을 거르고 나왔지만 배가 고프지 않았다. 얼마나 지났을까. 핸드폰이 부르르 떨었다. 요술공주로부터 온 메시지였다.

배려

'3시 1팀 회의. 참석 요망.'

"실무자선에서 미루는 것 같지는 않습니다. 윗선에서 계약을 연기하라고 지시가 있었던 모양입니다. 실무자는 저한테 거듭 미안하다고 그러너군요."

명함수집가가 풀이 죽은 목소리로 말했다.

"철혈 상무가 직접 움직인 것 같습니다. 뭔지는 모르지만 당근을 내밀었겠지요. 거기 이사가 일요일에 우리 회사 사람들하고 골프를 쳤다는데요. 철혈 상무 아닌가 싶습니다. 우리를 방해하려고 비까지 맞으면서 골프를 치다니 기가 막히네요."

직업조문객이 말을 마치고는 입술을 깨물었다.

팀원들의 시선이 위를 향했다. 위는 할 말이 없었다. 사스퍼거를 만나지도 못하고 그냥 돌아왔다는 말을 하기가 미안했다.

똑똑.

회의실 문을 두드리는 소리가 들렸다.

문이 열리자 외국물의 모습이 나타났다. 외국물의 어깨 너머로 건장한 보안부서 직원들이 보였다. 외국물이 미소를 머금고 말했다.

"회의중이군요. 지금부터 실례 좀 하겠습니다."

외국물이 시선을 돌려 고개를 끄덕였다. 그것을 신호로 보안팀 직원들이 사무실을 돌아다니면서 딱지를 붙였다. 컴퓨터 전원 버튼과 키보드, 문서함에 이르기까지 샛노란 봉인 딱지가 붙기 시작했다.

"이게 뭐 하는 짓들이야!"

직업조문객이 자리를 박차고 달려나갔다. 모니터 화면에 붙은 딱지를 떼어내 구겨 던졌다. 동시에 공자왈의 컴퓨터에 딱지를 붙이려던 보안팀 직원의 손목을 비틀어 딱지를 빼앗았다.

외국물이 소리쳤다.

"야, 성 과장! 당장 그만두지 못해! 사규 47조 3항 몰라?"

보안팀장이 거들었다.

"보안을 위해 필요한 조치입니다. 협조해주시기 바랍니다. 방해하시면 회사 밖으로 모시겠습니다."

공자왈이 말했다.

"아직 내일까지 하루가 남았습니다. 보안팀이야말로 우리 업무를 방해하는 것 아닌가요?"

보안팀장이 서류를 내보이면서 말했다.

"최 상무님의 지시사항입니다. 회사 기밀이 유출될 우려가 있다고 보안팀에 작업을 명령하셨습니다. 성 과장은 회사 밖으로 모셔."

보안팀 직원 네 명이 직업조문객을 번쩍 들어올렸다. 조문객

배려

이 발버둥을 쳤지만 건장한 청년 네 명의 힘을 당해낼 수는 없었다.

"야! 이거 안 놔? 놔! 놓으란 말이야."

조문객의 목소리가 복도를 쩌렁쩌렁 울리며 멀어져 갔다. 다른 부서 직원들이 문 앞으로 몰려들어 구경하는 게 보였다.

보안팀장이 공자왈을 보며 말했다.

"봉인을 훼손하면 징계위원회에서 파면 조치가 내려질 겁니다. 협조 부탁드립니다. 내일 오후 4시에 다시 와서 여러분을 모시겠습니다. 개인 사물은 그 이후에 저희가 보는 앞에서 챙기도록 하십시오."

외국물과 보안팀 직원들이 작업을 마치고 돌아갔다. 마침내 요술공주가 울음을 터뜨렸다. 사무실이 그녀의 울음소리에 무너질 것처럼 위태로웠다. 누군가가 쿨럭 하고 기침을 했다.

"저… 잠깐만, 잠깐만 기다리세요."

조구라가 자리에서 일어나더니 웃옷과 우산을 들고 뛰어나갔다.

명함수집가가 서랍의 봉인을 뜯고 개인사물을 정리하는 게 보였다. 요술공주가 퉁퉁 부은 눈을 동그랗게 뜨고 물었다.

"유 대리님, 봉인을 뜯으면 파면시킨다고 했잖아요? 그리고 유 대리님은 2팀에서도 '어서 옵쇼' 하는데 왜 짐을 꾸리세요?"

명함수집가가 종이 박스에 명함첩들을 넣으면서 말했다.

"2팀으로 가봐야 무슨 낙이 있겠어? 거기는 재미도 없는데. 그냥 관두고 몇 달 동안 집에서 쉴 생각이야."

그 말이 도화선이 되었다. 여기저기서 부욱 스티커 찢는 소리가 들렸다.

"저도 집에서 쉴래요. 저도 1팀 아니면 회사 안 다닐래요."

막내가 봉인을 뜯어내며 말했다.

공자왈이 들어왔다. 피로에 지친 얼굴이었다.

"여러분, 제가 상무님하고 2팀장님을 만나 뵙고 잘 말씀드렸습니다. 구조조정은 저 하나로도 충분하니까 다른 분들 피해는 최소화해달라고 부탁드렸습니다. 상무님께서도 공감하시고 그렇게 힘써주시겠다고 약속하셨습니다."

위가 일어서서 말했다.

"저까지 둘입니다. 두 명으로 구조조정을 끝낼 수 있을 겁니다. 여러분께 부탁드립니다. 회사에 남아주세요. 떠나는 것만이 옳은 선택은 아닙니다."

명함수집가가 말했다.

"우리만 남으면 뭐 합니까? 그리고 외국물, 그 인간이랑 같이 일하는 건 생각만 해도 끔찍해요. 앞으로 벌어질 일이 뻔한데 왜 여기에 남아야 합니까?"

배려

공자왈이 대답했다.

"우리 팀의 표어가 뭐지요? '스스로 발견하고 즐겁게 나아간다' 아닙니까? 이제 여러분에게 차례를 넘기겠습니다. 여러분이 남아야, 우리 1팀의 정신이 회사에 남을 수 있습니다. 명 부장 얘기가 나왔습니다만, 어느 조직에 가도 그런 사람들이 있습니다. 여러분이 앞으로 인생을 살아가다 보면 반드시 만나게 되는 인간 유형입니다. 절대로 피할 수 없습니다. 피할 수 없다면 어떻게 해야 할까요?"

팀원들이 이구동성으로 말했다.

"즐겨야지요!"

공자왈이 너털웃음을 터뜨렸다.

"하하하, 그렇죠. 그것마저 즐겨야지요. 그럴 바에는 친숙한 곳에서 마음껏 즐기세요."

공자왈이 상황판 앞으로 가더니 적힌 숫자를 지웠다. '108억 2천430만 원'이라는 글이 사라졌다. 다 끝났는데 아무려면 어떻겠는가.

"내일은 제가 경황이 없을 테니까 마지막으로 잔소리 한 번 하겠습니다."

공자왈은 검은색 매직을 들어 상황판이 가득 찰 정도로 큼지막하게 글씨를 썼다. 한 획 한 획 정성을 들여 쓴 글씨였다.

'恕'

"자왈, 서(恕)는 '평생을 두고 실천해야 할 도리'라고 했습니다. 또한 논어의 근본 원리이기도 합니다. 서는 자기를 생각하는 것처럼 남을 생각하는 마음씨입니다. 동시에 상대방에게도 나를 대하는 것처럼 관대한 것을 의미합니다. 어려운 사람을 동정하고 남의 탓을 하지 않는다는 뜻도 담겨 있습니다. 여러분! 여러분의 의지대로 인생을 살아가고 싶다면 이 한 글자를 반드시 기억하고 실천하십시오. 제가 여러분께 드리는 마지막 선물입니다."

애써 울음을 참는 요술공주의 입에서 신음소리가 새어나왔다. 팀원들은 숙연한 얼굴로 그 글씨를 바라보고 있었다.

공자왈이 위를 바라보았다. 두 사람의 눈이 마주쳤다. 공자왈이 빙그레 웃었다. 어디선가 많이 본 듯한 눈빛과 미소. 인도자가 그를 쳐다봤을 때도 저런 표정이었다.

이번에는 생각이 났다. 아버지.

"세 가지가 중요하다. 첫 번째는 네가 잘하는 일을 해야겠지. 두 번째는 네가 원하는 일이어야 하고. 마지막 세 번째가 가장 중요하다. 네가 원하고 잘할 수 있는 일이면서 동시에 남들이 원하는 일이어야만 해. 네가 사회인이 되면 이 말을 꼭 해주고 싶었다."

배려

그가 회사로부터 합격 통지를 받고 기뻐할 때의 일이었다. 아버지는 위를 불러 앉히더니 그렇게 말씀하셨다. 자애로운 웃음을 담은 눈빛과 미소.

"죄송합니다. 제가 죽을죄를 지었습니다."

조구라가 숨을 헐떡이며 뛰어 들어왔다. 비와 땀으로 흠뻑 젖은 모습이었다. 조구라는 안주머니에서 접은 서류 뭉치를 꺼내더니 공자왈에게 내밀고 털썩 무릎을 꿇었다.

"제가 나쁜 놈입니다. 기획실로 보내준다고 하길래 이러면 안 되는 줄 알면서도⋯. 제가 죽일 놈입니다. 죄송합니다."

조구라가 얼굴을 더 깊이 묻으며 울음을 터뜨렸다.

"뭐라고! 기획실로 어쩐다고?"

모두들 아연실색하여 서로의 눈을 쳐다볼 뿐이었다.

공자왈도 당황한 모양이었다.

"이리 줘보세요."

위가 서류를 살펴보니 7억 3천만 원짜리 계약서였다. 공자왈이 조구라의 양 어깨를 잡고 일으켜 세웠다. 조구라는 고개를 들지 못한 채 흐느꼈다.

'그랬었구나.' 위는 쓴웃음을 머금었다. 그는 조구라에게 다가가 어깨를 두드려주었다.

"됐어. 너무 자책하지 마. 다 지나간 일인데 뭘."

'115억 5천이라….'

위는 아파트 정문으로 들어서면서 입술을 깨물었다. 고작 4억 5천 때문에 떨어져나가는 신세가 되다니. 평소 같으면 그 정도의 계약은 별로 신경 쓸 만한 건더기가 아니었다. 그런데 지금은 그 4억 5천이 나올 구멍을 눈 씻고 살펴봐도 찾을 수가 없었다.

우리의 인생을 바꾸는 것은 엄청나게 큰일들이 아니다. 평소에는 관심조차 기울이지 않던 사소한 것들이 때로는 삶의 방향을 좌우하는 중대변수로 등장한다. 사람들은 작은 일에 신경을 쓰지 않다가 나중에 그 결과가 눈앞에 닥치고 나서야 땅을 치며 후회하곤 한다.

위가 살아온 과정 역시 그랬다. 그는 자신을 '의미 있는 중대한 일만 하는 사람'으로 여겼다. 자질구레하다고 생각하는 일은 외면했다. 아내의 불만은 하찮았고, 현업부서의 업무는 저급한 수준일 뿐이었다.

그 냉소주의와 오만불손함에 대한 대가를 지금 치르고 있는 중이었다.

배려

핸드폰 벨이 울렸다.

"나야."

아내였다. 정신이 번쩍 들었다.

"응, 난 어제 나올 줄 알고 계속 기다렸는데…. 10시까지 기다렸어."

아내가 따지는 듯한 목소리로 말했다.

"무슨 소리야. 내가 기다렸는데. 9시까지 안 오길래 그냥 나왔잖아. 회의 있어서 늦은 거라면 전화라도 해야 할 거 아냐."

그가 눈을 동그랗게 뜨고 물었다.

"회사 건너편 카페오레 2층으로 오라고 했잖아. 어디서 기다린 거야?"

"거기서 기다렸다니까. 맞아, 카페오레. 그런데 2층이 없던데. 1층밖에 없다고."

아뿔싸. 위는 자기도 모르게 피식 웃었다. 카페오레 체인점이 회사 대각선 건너 방향에 하나 더 생긴 것이 생각났다. 아내는 새로 문을 연 곳에서 그를 기다린 것이다.

불안한 느낌이 한 발짝 다가왔다. 어제 엇갈린 것처럼 계속 이렇게 틀어지는 것은 아닐까. 영원히 만나지 못하는 기찻길처럼 평행선을 달리게 되는 것은 아닐까.

"내가 10시쯤 전화했는데 안 받더라고. 그래서 안 나온 줄 알았지."

"그때는 바람맞았으니까 화나서 그랬어."

아내가 서글서글하게 대답했다.

현관으로 들어서자 엘리베이터 안에서 젊은 여성이 열림 버튼을 누른 채 그가 오기를 기다리는 게 보였다. 엘리베이터로 들어가면 아내와의 통화가 끊어질 것 같았다. 그는 웃음을 지으며 고개를 숙이고는 '먼저 올라가라'고 손짓을 했다.

다시 현관 밖으로 걸어 나오면서 아내에게 말했다.

"나, 모레부터 실업자야. 조금 있으면 예나 유치원 여름방학이니까 여행이라도 같이 갈까 하는데, 어때?"

세상이 아름다운 이유

청국장 냄새가 났다. 그는 침대에서 일어나 열린 문틈으로 고개를 내밀었다. 눈에 익은 뒷모습이 보인다.

이내다.

아내가 언제 들어온 것일까. 아내는 뭔가를 썰면서 콧노래를 부른다. 고개를 갸웃거리면서 흥얼거리는 게 무척 즐거워 보인다. 아내가 그의 기척을 느꼈는지 고개를 돌렸다. 그의 멍한 표정을 보더니 웃었다.

"뭐 하고 있어? 출근 준비 해야지."

그는 꿈적도 하지 않고 서서 아내의 뒷모습을 바라보았다. 현실이 아닌 것 같다. 몇 년 전으로 돌아간 기분이다. 아내는 지금까지 매일 그래왔던 것처럼 태연해 보였다. 아내가 다시 뒤를 돌아보면서 말했다.

"아이 참, 늦겠네. 빨리 세수해야지."

그는 이불에 지도를 그린 어린아이처럼 화들짝 놀랐다.

아내가 끓여준 청국장으로 아침을 먹었다. 그가 좋아하는 반찬 일색이다. 장조림에 멸치볶음까지. 아내는 언제 이런 것들을 준비했을까.

"언제… 왔어?"

"응, 조금 아까…."

아내는 젓가락으로 멸치볶음을 집어 그의 밥 위에 올려놓았다. 아내의 눈을 보니 붉게 충혈되어 있다. 표정은 밝지만 피곤해 보였다. 반찬거리들을 가지고 꼭두새벽에 몰래 들어와 지금까지 음식을 마련한 것 같다.

눈물이라도 쏟아질 것 같았다. 아까부터 거실에서 들려오는 베토벤의 '합창교향곡' 때문인지, 아내 때문인지 알 수 없다. 아내가 손가락 끝으로 눈꼬리를 짚으면서 배시시 웃었다.

그는 신발을 신고 현관문으로 다가섰다. 돌아서서 아내에게 '고맙다'는 말을 하고 싶었다. 그러나 그는 포기했다. 뒤를 돌아보면 아무도 없을 것 같아 두렵다.

현관문 손잡이를 잡으려는 순간, 뒤에서 아내가 그를 끌어안

배려

았다. 그는 비로소 깊은 숨을 토해냈다. 발 밑을 보니 아내는 맨발이다. 왼쪽 등허리에서 아내의 심장 박동이 느껴졌다. 이것은, 현실이다.

⋅⊂※⊃⋅

하이힐 뒤꿈치가 그의 발등을 밟았다.

"앗!"

"아! 죄송합니다. 죄송합니다."

앞에 서 있던 여성이 고개를 돌려 연신 사과했다. 사람들 틈에 끼어 이리 밀리고 저리 밀리느라 정신이 없는 것 같았다.

"괜찮습니다."

그는 억지로 웃으면서 말했다. 심하게 아팠다. 그는 절뚝거리면서 전동차에서 내려 환승통로를 따라 걸어갔다. 계단 앞에 몇 사람이 모여 있었다. 위는 그냥 지나갈까 하다가 그들 사이로 고개를 내밀었다.

중중 장애인이 전동 휠체어를 타고 있는데, 리프트가 고장 난 모양이었다. 역무원이 리프트 조종 장치를 조작해보았지만 소용이 없었다. 장애인은 안타까운 눈으로 고장 난 리프트 장치를 바라보고 있었다.

누군가가 말했다.

"엘리베이터는 공사중이고, 이거 참…. 우리가 힘을 합쳐서 옮겨드립시다. 괜찮지요?"

장애인이 고개를 갸웃거리며 의사표시를 했지만 알아들을 수가 없었다.

"자, 왼쪽에서 그렇게 세 분이 잡고, 오른쪽도 준비됐지요? 하나 둘 셋, 영차."

위는 왼손으로 휠체어 아래 모서리를 잡고 오른손으로 등받이를 지탱했다. 그리고 다른 사람들과 걸음을 맞춰서 올라가기 시작했다. 전동 휠체어의 무게는 굉장했다. 남자 여섯 명이 젖 먹던 힘까지 짜내자 간신히 들어올릴 수 있었다. 휠체어가 계단을 오르자 두 사람이 새로 달려들어 뒤에서 등받이를 밀어주었다.

"하나 둘. 하나 둘. 힘내세요. 금방 올라갑니다."

위는 매일 오가던 계단이 이처럼 길게 이어져 있는지 몰랐었다. 그러니 장애인의 눈에는 얼마나 무섭고 위험해 보였을까.

"하나 둘. 하나 둘. 잠깐만요. 여기서 한숨 돌리고 갑시다."

사람들은 계단 중간 평평한 곳에 전동 휠체어를 내려놓고 땀을 닦았다. 모두가 비 오듯 땀을 흘리고 있었다. 위는 손수건을 꺼내 턱에서 떨어져 내리는 땀을 훔쳤다. 셔츠가 가슴까지 젖어 있었다. 그는 휴 하고 깊은 숨을 토해냈다.

배려

"이제 반밖에 안 남았습니다. 힘을 냅시다. 하나 둘 셋. 영차."

이번에는 위가 오른쪽으로 가서 휠체어를 들었다. 위는 평소 남의 처지에 신경을 쓰는 사람이 아니었다. 만일 이런 일을 과거에 보았더라면 무심히 지나쳤을 것이다.

"하나 둘. 하나 둘."

휠체어의 의자 부분을 잡은 오른손에 온기가 느껴졌다. 고개를 들자 장애인의 눈과 마주쳤다. 장애인의 눈이 그에게 '고맙다'고 말하고 있었다.

마침내 계단을 모두 올랐다. 사람들이 조심스럽게 휠체어를 내려놓자 그들을 호위하듯 따라온 사람들이 환호성을 지르며 박수를 쳤다. 위는 함께 나른 사람들과 하이파이브를 했다. 그리고 악수를 나누었다.

"수고하셨습니다."

모두가 오늘 처음 보는 낯선 사람들이었다. 왜 이렇게 기분이 하늘을 나는 것처럼 좋은 것일까? 시계를 보니 8시 40분을 넘어서고 있었다. 꼼짝없이 지각이다.

위가 도착한 전동차에 타려는데 핸드폰 벨이 울렸다. 그는 멈칫거리다가 전화를 받았다. 어차피 늦었는데, 게다가 마지막 출근인데 지각이 뭐 대수인가. 지하철이 떠났다. 전동차 소음 때문에 상대편의 목소리가 들리지 않았다. 그는 구석으로 달려갔다.

"여보세요? 위 차장님이세요? 저 이 대립니다. 아니, 이 과장입니다. 어제부로 승진했어요."

사스퍼거의 부사수였다.

"아, 네. 승진하셨어요? 축하드립니다."

"어제 오셨다가 그냥 가셨다면서요? 죄송합니다."

위는 미소를 지었다. 사스퍼거가 부사수의 만분의 일이라도 닮았더라면 1팀이 풍비박산 나는 것은 막을 수도 있었을 텐데.

"아닙니다. 그동안 번거롭게 해드려서…."

부사수가 물었다.

"위 차장님, 저희 이사님이 궁금해하시는 게 있어서요. 저도 궁금하기도 하고요."

"뭐죠?"

"메일로 글을 자주 보내주셨잖아요? '우리 함께하는 세상' 말입니다. 그런데 요즘 그게 안 와서요. 차장님이 바쁘신 것 같아서 못 여쭤봤는데요, 이사님께서 왜 뜸하냐고 물어보시네요. 저희 이사님도 '함께하는 세상' 팬이거든요."

"아, 그건…."

위가 할 말을 잊고 꾸물거리는데 부사수가 말했다.

"참, 본론은 그게 아니고요. 이사님께서 위 차장님을 찾으십니다. 지금 이리로 좀 오시죠. 계약건 때문인 것 같습니다."

배려

"네? 뭐라고요?"

위는 자신의 귀를 의심했다.

부사수가 엘리베이터까지 배웅 나왔다.

"이 과장님, 사스퍼거가 계약을 다음 주로 미루자고 했었는데요. 어떻게 이렇게 된 거죠?"

"사스 뭐요? 아, 채 과장님 말씀하시는 건가요? 그 양반, 어제 오후에 인사발령 나서 고객만족 연구팀으로 갔습니다. 갑자기 인사 통보가 와서요. 그쪽 팀은 그 양반 구미에 안 맞을 텐데요, 하하하. 거기 가서 무지하게 심심할 겁니다."

"어떻게 갑자기…."

"글쎄요. 저도 잘 모르겠습니다. 사장님께서 인사부에 그렇게 조치하라고 하셨다니까요."

꿍◦C◉Ɔ◦

위는 왼손으로 가슴 부위를 눌러본다. 안주머니에 있는 서류 뭉치가 느껴진다. 그토록 애를 태운 끝에 얻어낸 구원의 밧줄. 1팀 열한 명의 회사생활을 다시 열어줄 미래 입장 티켓.

사람들의 얼굴이 떠올랐다. 인도자와 공자왈, 그리고 1팀 멤버들. 테니스와 사스퍼거의 부사수. 인생의 스승은 먼 곳에 있지 않다. 선배나 동료, 심지어는 후배로부터도 깨달음을 얻을 수 있다. 마음만 연다면, 받아들일 준비만 되어 있다면.

그뿐이 아니다. 관점을 확장할수록 더 많은 것이 보인다. 철혈이나 외국물, 사스퍼거에 이르기까지 나에게 적대적인 사람에게서도 얻을 것이 있다. 그들의 관점에서 보면 삶의 또 다른 측면을 발견할 수 있다.

'세 사람이 길을 가면 그 중에는 반드시 나의 스승이 있게 마련이다. 착한 사람한테서는 그 선함을 배우고, 악한 사람한테서는 그의 잘못을 보고 자신을 반성할 수 있다.'

출근 시간이 지나서인지 지하철 안에는 여유가 가득하다. 신문을 보던 중년 남자가 웃음을 지었다. 재미있는 뉴스라도 발견한 것일까. 옆에 선 청년이 어깨를 들썩인다. 이어폰에서 쿵쿵하는 비트가 흘러나온다. 책을 보던 젊은 여성이 조심스럽게 페이지를 넘기고 있다.

권투나 무술을 배우는 사람들은 '눈을 뜨고 보는 것'을 가장 먼저 훈련받는다. 가장 좋은 학습 기회는 대결을 할 때, 공격을 당하는 그 순간이다. 중요한 것은 맞는 그 순간에 아프고 화가 난다고 해서 손발을 어지럽게 놀려선 안 된다는 점이다. 고통 속에서 또 다른 쾌감을 맛볼 줄 알아야 한다. 발견과 각성의 쾌감.

배려

'그래, 중요한 것은 관점이야. 나의 관점을 넘어서, 상대방의 관점, 전체의 관점까지 아우를 수 있는 큰 시각이 필요해. 그래! 맞아. 통찰력. 그렇다면 나를 넘어서기 위해서는….'

실마리가 잡힌다. 그는 그것을 낚아챈다.

전동차가 어둠의 구간을 끝내고 한강 다리 위로 접어들었다. 마침내 빛의 터널 속으로 질주하기 시작했다. 초여름의 햇볕이 온 누리를 환하게 비추고 있었다.

'배려. 나를 넘어서는 도약대. 그래서 세상과 조화를 이루는 연결고리.'

세상을 이끌어온 원동력은 힘이 아니라 배려다. 인류는 살아남으려고 무리를 지었고 사회라는 걸 만들었다. 그렇다면 사람 간의 관계를 이어주는 고리는 무엇인가. 그것은 바로 배려다. 서로 주고받는 것.

인간세상은 배려에서 출발한다. 예의범절이나 법질서 제도 같은 모든 것이 서로를 위한 배려에서 나온 것이다. 예수나 석가, 공자, 소크라테스 같은 성인들이 제각각 다른 표현으로 인간의 도리를 강조했지만 그것을 꿰뚫는 공통된 원칙은 바로 배려였다.

직업은 배려하기 위한 도구이다. 정치인과 행정가는 법과 제도를 통해 국민을 배려하고, 회사는 고객들에게 만족이라는 배려를 전한다. 종교인은 사람들의 마음에 평화를 주는 배려를 하고, 발명가는 사람들의 꿈을 실현시켜주기 위해 신기술을 개발한다. 배려 덕분에 인류의 역사가 발전해온 것이다.

배려는 경쟁까지도 넘어설 수 있다. 경쟁자의 관점에서 보고, 경쟁자를 앞지르고, 마침내 경쟁자를 더 나은 길로 인도한다.

세상은 살아갈 만한 곳이다. 경쟁지상주의에 쫓기고는 있지만 모든 사람들의 마음속에는 배려 본능이 숨어 있다. 배려하는 사람들로 세상은 가득 차 있다. 짐 든 사람을 위해 엘리베이터 버튼을 눌러주는 아이, 초보운전자에게 양보를 해주는 사람들, 독거노인에게 도움을 주는 자원봉사자들.

그런 수많은 사소한 배려들이 모여 세상을 아름답게 만들어가고 있는 것이다. 배려는 우리가 일상에서 날마다 즐기는 자연스러운 것이다.

위가 가벼운 걸음으로 지하철에서 내릴 때 핸드폰이 부르르 떨렸다. 요술공주의 메시지다.

'샴페인 준비했음. 속히 귀사 요망.'

배려

에
필
로
그

배려를 위한 경쟁

8개월 후 대회의실.

"1팀 플랜은 포인트가 잘못됐습니다. 클라이언트들의 니즈를 지나치게 도식화했다고 봅니다. 이런 식으로 접근해서 커스터머 새티스팩션을 기대할 수 있을까요? 중요한 건 클라이언트들의 센서빌리티 아닌가요? 우리 2팀은 그래서 이번 플랜을 1팀과 공동 수행하기 어려울 것 같습니다."

외국물이 혀를 굴리며 말했다.

"충분히 검증된 데이터입니다. 명 부장님이야 말로 지나치게 감성적인 부분에 집착하시는 거 아닙니까?"

위가 반격에 나섰다. 두 사람 간에 설전이 벌어졌다.

공자왈이 중재에 나섰다.

"이번 공동 프로젝트 건은 합의부터 이룬 다음에 추진합시다. 미봉책으로 덮어둔 채 진행했다가는 팀 간에 균열이 생길 수도 있으니까요. 2팀은 1팀이 제출한 기획안에서 미비한 점이나 개선사항을 정리해서 다시 점검회의를 하세요. 1팀도 2팀의 요구사항을 전향적으로 검토하고요."

위와 외국물이 동시에 대답했다.

"네."

노크 소리가 들리더니 조구라가 회의실로 들어왔다. 조구라가 공자왈에게 다가가 공손하게 서류를 전해주며 말했다.

"본부장님, 말씀하신 자료입니다. 8개 현업부서의 보고 자료를 바탕으로 저희가 재정리했습니다. F사의 파상공세가 대단합니다. 지난 석 달 동안 거의 독무대였네요. 발주 규모 30억 이상 프로젝트의 45퍼센트를 F사가 쓸어간 것으로 집계되었습니다."

공자왈이 자료를 넘겨보는 사이 조구라가 옆에 서서 설명했다.

"그 뒷부분은 기획실 차원에서 수립한 대응방안입니다. 1팀장님께서 많은 도움을 주셨습니다."

외국물이 그 말이 나오기를 기다렸다는 듯 끼어들었다.

"조 대리! 기획실 가더니 네 세상 만났다 이거지? 1팀하고 죽이 맞아서 1팀 좋은 일만 시켜주잖아. 어디 계속 그렇게 해봐."

조구라가 머리를 긁적이며 변명했다.

"부장님, 그게 아니에요. F사가 우리 밥그릇을 깨고 있는데 지금 1팀 출신이니 뭐니 따질 땝니까? 그래서 지금 1, 2팀 공동 프로젝트로 크게 한번 해보자는 거잖아요?"

공자왈이 자료를 덮으면서 말했다.

"우리 회사가 제일 심각합니다. F사의 공세가 주로 우리를 겨냥하고 있으니까요. 모두들 각오해야 할 겁니다. 최 상무님이 F사의 사령탑을 맡은 이상, 가장 잘 아는 시장부터 밀어붙일 겁니다. 그게 바로 우리 쪽이죠."

외국물이 무릎을 치며 말했다.

"복수해줄 방법이 있습니다. F사 사람들, 요즘 불만이 많다고 합니다. 최 상무의 밀어붙이기 스타일 때문에 그렇다는데요. 코어 인력들을 빼옵시다. 그러면 고생 좀 할 겁니다."

공자왈이 일언지하에 거절했다.

"그건 안 됩니다. 상대방이 잘못된 수단을 쓴다고 해서, 우리까지 그럴 수는 없습니다. 오늘 합동회의는 이걸로 마치겠습니다. 1팀과 2팀은 공동 프로젝트 추진 방안에 대한 세부 논의를 빨리 매듭지어주기 바랍니다. 아, 그리고 오늘 회장님 주최로 현업 부서장들 회식 있는 거 아시죠?"

작년 9월, 철혈이 F사의 대표로 자리를 옮기면서 몇몇 핵심 인력을 데려간 것은 사실이었다. 2팀 멤버 중에서 5명, 다른 부서에서 8명, 모두 13명이 철혈을 따라갔다. 외국물로서는 분통이 터질 노릇이었다. 그래서 복수를 해주자는 것이었다.

직업조문객이 계단을 오르면서 위에게 속삭였다.

"외국물, 저 인간 정말 낯도 두꺼워. 그 난리를 피워놓고도 버젓이 남아서 어떻게 저런 소리를 할 수 있는 거지? 아무리 앙 사장이 뒤를 봐준다고는 하지만 말이야. 사람이 양심이 있어야지."

구조조정 계획은 찻잔 속의 태풍에 그치고 말았다. 한동안 변화는 없었다. 철혈의 쿠데타 시도와 앙 사장의 구조조정, 외국물의 1팀 흡수 기도가 한꺼번에 무위로 돌아갔으나 그 속에 담긴 의도가 겉으로 드러난 것은 없었다. 그들 3인방은 아무 일도 없었던 것처럼 발톱을 숨겼다. 그러다가 철혈이 F사 대표로 취임하며 인력들을 빼가자, 나머지 두 사람이 철혈을 회사의 배신자로 몰아세우고 경영실패를 철혈의 잘못으로 잽싸게 매듭지었다.

위가 대답했다.

"어딜 가든 저런 사람들이 있어. 어디서나 살아남을 수 있는 변화의 귀재들이지."

"흐흐흐, 그러게 말이야. 인류가 멸망해도 바퀴벌레로 변해서 살아남을 인간이야."

위는 '인연'이라는 말을 실감했다. 철혈과 맺어진 인연은 이제 경쟁관계로 바뀌어 이어질 게 틀림없었다. 어울리며 부대끼며 살아갈 수밖에 없는 인연.

책상에 앉자 귀퉁이에 세워둔 사진이 눈에 들어온다. 아이 돌 때 찍은 가족사진이다. 위는 앨범을 샅샅이 뒤진 끝에 그 사진을 찾아낼 수 있었다. 아버지가 아기를 안고 환한 표정으로 웃고 계셨다. 그 왼쪽으로는 위가, 오른쪽으로는 아내가 서 있다. 가족들의 사진을 찍어주느라 정작 본인 사진은 제대로 남기지 못하셨던 아버지.

위는 수화기를 들고 아내에게 전화를 걸었다. 한참동안 신호가 간 후에야 아내가 전화를 받았다.

"일어나. 벌써 점심시간이야. 예나 아침 먹여서 유치원 보냈고, 설기지도 해놨어. 예나 급식비는 내가 인터넷으로 송금할게. 그리고 오늘 좀 늦을 것 같아. 회장님하고 회식이 있거든. 응, 그래. 그럼 수고해. 밥맛이 없어도 점심 꼭 챙겨먹고…."

명함수집가가 전화를 끊는 위를 보며 웃었다.

"팀장님, 부럽습니다. 사모님이 더 많이 버신다면서요? 제 평생 소원이 셔터맨인데 능력 있는 여자들은 저를 거들떠보지도 않네요. 팀장님은 든든한 보험을 들어놓으셨으니 참 부럽습니다."

"쓸데없는 소리! 오늘 점심 뭐 먹을까? 모처럼 회의 때문에 다들 점심 같이 먹게 됐는데, 좋은 아이디어 없나?"

요술공주가 말했다.

"후문 앞에 콩나물 해장국집이 생겼는데요, 날씨도 추운데 거기 어떨까요?"

"다른 의견들 없으면 최 주임이 추천한 콩나물 해장국집으로 합시다." 위가 결론을 냈다.

그때 사무실 입구에 반가운 얼굴이 나타났다. 위는 벌떡 일어나 달려가서 그의 손을 잡고 흔들어댔다.

"고문님, 이게 얼마만입니까? 미국 생활은 견딜 만하세요? 갑작스럽게 떠나시는 바람에 서운했습니다. 제가 출장 가면 한번 찾아뵈려고 했는데요."

인도자가 너스레를 떨었다.

"본사 직원들한테 뭘 가르쳐주라는데, 말이 통해야 말이지. 뉴욕 영어가 주인 잘못 만나서 고생하고 있다니까. 그래도 요즘은 내 발음에 익숙해졌는지, 다들 잘 알아듣고 질문도 하더군. 휴가 나온 김에 회장님도 뵙고, 자네도 보려고 왔지."

"그래요. 잘 오셨습니다. 저희 팀하고 점심식사나 하세요."

"아냐, 약속이 있거든. 저녁 때 잠깐 들를게. 본사 차원에서 진행하는 리더십 프로그램 중에서 내가 하나를 주관하게 되었는데, 자네도 참가하게 될 것 같네."

배려

"팀장님, 저… 드릴 말씀이 있는데요."

퇴근 무렵, 모니터를 보다가 고개를 드니 막내 사원이 심각한 표정으로 서 있다. 위는 엉거주춤 자리에서 일어났다. 누군가가 곁에 와서 서면 그렇게 일어나 눈높이를 맞추는 게 위의 새로운 습관이었다.

회의실로 자리를 옮기자 막내가 입을 연다.

"팀장님 말씀대로 실천하고 있는데요. 저는 경쟁력이 없는 것인지 내공이 부족한 것인지 되는 일이 없어요. 계속 손해만 본다는 느낌이거든요. 너무 억울하다는 생각이 들어요."

"사람들은 누구나 자기가 일한 만큼 돌려받지 못한다고 생각해. 그건 회사도 마찬가지야. 노력에 견줘보면 2천 원을 받고 싶은데 고객들은 1천 원을 내고 2천 원의 효용가치를 원하거든."

예전에 공자왈로부터 들었던 '부등가 교환의 법칙'이었다. 위도 처음에 그 얘기를 들었을 때 말도 안 되는 궤변이라고 생각했었다.

"가치 판단 기준이 서로 다를 테지만 말이야. 어쨌든 주는 사람 입장에서는 아깝기만 한 그 부분, 다시 말해 손해보는 것 같은 그 가치는 어디로 간 것일까? 받은 사람이 독식하는 걸까?"

위는 막내의 대답을 기다리지 않고 말했다.

"그 가치는 받은 사람이 혼자 누리는 게 아니야. 고스란히 쌓이지. 그런 다음 다시 돌아오게 되어 있어. 돌아올 때는 다른 것으로 바뀌지. 만족이나 보람일 수도 있고 찬사나 존경일 수도 있어. 돈으로 바꿀 수 없는 가치일 때가 많아. 하지만 배려는 처음부터 그런 걸 노리고 하는 게 아니야. 원하는 것을 충실하게 주다 보면 그 대가가 돌아오거든. 성공은 그렇게 이뤄지는 것이라고."

"팀장님, 떵떵거리면서 사는 사람들을 보세요. 그 사람들이 배려를 10원어치라도 하는 사람들인가요? 다들 남의 등이나 쳐서 잘 먹고 잘 사는데, 그래도 우리는 손해보면서 살자는 말씀 아닙니까?"

"물론 성공한 사람 중에는 떳떳하지 못한 사람도 있겠지. 하지만 명백한 것은, 그런 모습이 전부가 아니라는 점이야. 이중 잣대를 버리라고. 왜 자기 자신에게는 그렇게 관대하면서 상대방에게는 완벽을 요구하는 거지? 설혹 정당하지 못한 사람들이 있다고 한들, 그게 자기 합리화의 구실이 될 수는 없어. 냉소주의에 빠져서는 아무것도 되는 일이 없는 거야."

"그러면 계속 배려하면서, 손해만 보면서 살라는 말씀이십니까?"

"손해가 아니라니까 그러네. 생각해봐. 사회에 경쟁만이 존재하지는 않아. 배려가 함께 있기 때문에 유지되는 거야. 성공하는 조직, 발전하는 기업을 생각해봐. 그들은 '배려를 위한 경쟁'을 하고 있는 것 아닐까? 상대방과 고객의 만족을 위해서 노력하는 것, 그것이 바로 배려야. 오로지 남과의 경쟁에만 매달리는 조직도 있지. 그러나 그런 조직이나 기업은 결국 고립되고 말거야. 그건 개인에게도 똑같이 적용된다고 생각해. 잘 생각해봐. 오직 자신의 이기적인 목적만을 위해 움직인다면 얼마나 오래 가겠어. 배려가 없이는 경쟁력도 무너져버린다고."

위는 말을 이었다.

"어떻게 보면 배려와 경쟁은 이율배반적인 것이지만, 우리의 삶을 지탱시켜주는 게임의 기본 룰이야. 마치 인내하고 포용하는 인(仁)의 정신과 판단하고 배척하는 의(義)의 정신이 공존해야 하듯 말이야. 하지만 공동의 생존을 위해 때로는 배려를 중지하는 지혜가 필요할 때도 있지. 우리는 살기 위해서 룰을 지키는 것이지, 룰을 위해서 사는 것은 아니잖아?"

"배려를 중지한다고요? 그래도 배려를 안 한다는 건 이미 배려가 아니지 않습니까?"

막내가 반문하자 위는 웃으며 대답했다.

"몰배려의 배려. 그런 경우를 나는 이렇게 이름 붙였지. 배려하지 않음으로써 배려를 한다는 말이야. 말장난 같지? 그렇지만 이런 모순이 진실을 보여줄 때가 있지. 때로는 배려해주지 않는 것이 더 큰 배려가 될 수도 있는 거야."

위는 차를 한 모금 마신 다음, 막내를 보고 말했다.

"배려는 개인에게 최후의 보루라는 점을 명심해. 사람은 능력이 아니라 남에게 베푼 배려로 자신을 지키는 거야. 괴테는 '노력하는 자가 구원을 받는다' 고 말했지. 나는 이렇게 바꿔보았어. '배려하는 자가 구원을 받는다' 라고."

막내가 수첩에 받아 적었다.

"멋진 말씀이네요. '배려하는 자가 구원을 받는다.' 정말 근사한데요."

위는 막내가 받아 적는 것을 보면서 말했다.

"배려는 만기가 정해지지 않은 저축과도 같은 거야. 한푼 두푼 모으다 보면 언젠가 큰 뭉치가 되어서 돌아온다고. 설령 기대한 만큼 돌아오지 않으면 어때? 한번뿐인 인생, 눈감을 때 후회하지 않게 살아야 하지 않겠어? 나는 그것만으로도 충분할 것 같은데."

위는 말을 마치고 일어나 자기 책상에서 조그만 봉투를 들고 왔다. 그리고 막내에게 내밀었다. 그것은 위가 만든 카드였다.

배려

배려의 조건

배려는 선택이 아니다.
공존의 원칙이다.

"

사람은 능력이 아니라
배려로 자신을 지킨다.
사회는 경쟁이 아니라
배려로 유지된다.

"

배려의 세 가지 조건

행복의 조건
스스로를 위한 배려
솔직하라!

즐거움의 조건
너와 나를 위한 배려
상대방의 관점으로 보라!

성공의 조건
모두를 위한 배려
통찰력을 가져라!

위는 주머니에서 핸드폰을 꺼냈다. 아내에게 '회식이 취소됐으니 지금 들어가겠다' 고 전화를 걸 참이었다. 핸드폰 화면의 시세를 보니, 8시가 넘었다. 위는 핸드폰의 폴더를 그냥 닫았다. 아내와 아이는 벌써 저녁을 먹었을 것이다. 위는 분식집에 들어가 간단하게 김밥 한 줄로 끼니를 때웠다.

오랜만에 찾아온 여유를 느끼고 싶어 서점으로 발길을 돌렸다. 북적이던 서점이 요즘은 썰렁할 지경이다. 입구의 베스트셀러 코너 부근에만 몇몇의 사람들이 모여 있을 뿐이다. 하지만 위는 이렇게 방해받지 않는 한적한 분위기가 좋다. 살금살금 옮겨가며 맛있는 반찬을 노리는 고양이처럼 서가 사이를 산책하는 것이 좋다. 아내를 위해 한 권, 아이를 위해 한 권 그리고 또 한 권 모두 세 권을 골랐다.

아내는 집에 없었다. 아내는 할인마트의 떨이 세일을 노려 밤 9시가 넘어서야 장을 보러가곤 한다. 오늘은 아이와 함께 간 모양이었다.

서재에 불이 켜져 있었다. 오늘도 아내는 작업이 많은 모양이었다. 컬러 프린터로 뽑은 그래픽 이미지들이 방바닥에 널려 있었다. 휴지통에 구겨진 종이가 가득했다. 혼자 짜증이 나 있었을 아내의 모습을 생각하니 웃음이 났다. 아내는 며칠 전 후배로부터 좀더 보완해서 수정해달라는 지시를 받은 후로 자존심이 상했는지 끼니도 거른 채 컴퓨터에 매달렸다. 아내가 광고대상을 받으면서 한참 이름을 날릴 때 입사했던, 까마득한 후배로부터 수모를 당했으니 그럴 만도 했다. 프리랜서라는 게 남들이 흔히 생각하는 것처럼 속 편한 직업은 아니었다.

위는 옷을 갈아입고 작업실로 들어가 방안에 널린 출력물들을 한쪽으로 모아 정리했다. 휴지통은 비우지 않았다. 아내가 이따금 구겨버린 출력물을 뒤적이는 것을 본 적이 있기 때문이다.

방을 대충 정리하고 의자에 앉아보니 아내의 온기가 느껴졌다. 아내가 애지중지하는 대형 모니터가 눈에 들어왔다. 모니터에 띄워진 화면은 그래픽 작업이 아니었다. 처음 보는 홈페이지였다. 홈페이지 윗부분에 '우렁 각시의 일기' 라는 타이틀이 보였다. 누구의 홈페이지일까.

화면에는 '배려의 다섯 가지 실천 포인트' 라는 제목의 글이 떠있었다.

· **배려의 다섯 가지 실천 포인트** ·

1. 배려는 상대가 원하는 것을 주는 것이다.
2. 배려는 받기 전에 먼저 주는 것이다.

배려

3. 배려는 날마다 노력해야 하는 것이다.

4. 배려는 자연스럽고 즐거운 것이다.

5. 배려는 사소하지만 위대한 것이다.

아직도 배려에 서투른 나에게 의도적으로 보여준 것일까? 위는 실천 포인트를 소리 내어 읽어보았다.

위의 눈길은 다시 페이지의 상단에 떠 있는 '우렁 각시의 일기'로 옮겨갔다. 호기심을 누를 수가 없다. 마우스를 잡았다. 왜 우렁 각시일까?

게시판에 있는 글들을 보니 요즘 작업을 진행하면서 떠오른 아이디어와 단상들을 기록한 내용이다. 모두 아내의 글이었다.

위의 머릿속 회로가 빠르게 점화되었다. 짐작이 가는 부분이 있었다. 그는 마우스를 움직여 화살표 버튼을 눌렀다. 아내가 작년에 써놓은 글들이 그대로 있었다.

나도 모르게 또 오고 말았다. 다시는 안 오겠다고 어제도 결심했는데 또 왔다. 엄마 집은 어쩐지 불편하다. 이상하다. 헤어지겠다고 마음먹은 내가 여기에 와 있으면 왜 이렇게 마음이 편한 걸까? 우리는 왜 이렇게 서로 으르렁거리는 걸까? 지금 이렇게 여기 와 있는 내가 우습기도 하다. 그를 생각하면 가슴이 답답하다.

청소를 했다. 내 손길이 닿으니 생기가 돈다. 청소를 하고 싶었던 건 아니다. 한때 행복했던 추억이 먼지를 뒤집어쓴 채 놓여 있는 것을 그냥 지나칠 수 없었다. 남자들은 왜 그렇게 무심한 것일까? 그는 나의 모든 것에 무관심하다. 무관심은 미움보다 더 나쁘다.

어쨌든 서류는 곧 도착하겠지. 그 서류가 우리 모두에게 편안함을 줄지도 몰라. 그러나 그런 편안함에는 분명 사랑은 없을 거란 걸 나는 안다. 우리는 지쳐 있다. 서류를 보고 그는 뭐라고 할까? 아직도 나를 생각하기는 하는지 그게 궁금해.

머릿속에서 커다란 종이 울리는 느낌이었다. 귀가 먹은 것 같았다. 멍하기만 했다. 이미 지난 일인데도 가슴이 서늘해졌다. 위는 다른 글을 클릭했다.

올해 크리스마스이브는 허탈하게 넘어갔다. 혹시 우리를 부르지 않을까 해서 집 청소까지 해놓고 온 나 자신이 미웠다. 아무리 떨어져 지내지만 아이를 위해 예전처럼 촛불을 켜고 크리스마스 파티는 할 것 같았는데.

백화점에 가서 산 선물을 미리 알려주지 않은 것이 천만다행이다. 작년에 백화점에 갔을 때 그가 진열장 안의 만년필을 물끄러미 구경한 적이 있다. 나중에 값을 물어봤다가 기겁을 했지. 무슨 만년필

배려

이 그렇게 비싼지.

내가 왜 무리를 해서 그 만년필을 샀는지 나 자신도 모르겠다. 이별 선물이라도 하려는 것이었을까? 그가 어떤 표정을 지을지 궁금했나 보다.

연휴가 지나도록 전화 한 통 없었다. 연락을 기다린 건 아니었지만. 역시 그렇지. 그 사람은 원래 그런 사람이었지. 내가 또 깜빡했지. 그렇게 속으면서도 왜 미련을 버리지 못하는 걸까?

그런데 연휴 다음날 예나의 크리스마스 선물이 택배로 도착했다. 그렇게 예쁜 인형은 어디서 골랐는지. 나를 위해서는 그렇게 무관심한 사람이 딸에게는 그렇지 않은 모양이다.

예나는 어쩔 줄 모르며 온 방안을 폴짝폴짝 뛰어다녔다. 나도 잠깐이나마 정말 기분이 좋아졌다. 전화 한 통 없는 무심한 사람이 어떻게 이런 선물을 준비한 것일까? 이렇게 조금만 미움의 여유를 가지면 될 것을.

그가 가시 달린 철갑옷을 벗고 예전처럼 따뜻한 사람으로 돌아왔으면 좋겠다. 나는 안다. 그의 갑옷을 벗겨주는 역할은 나의 몫이라는 것을. 하지만 그건 너무 힘이 들 것 같다. 자신이 없다.

마우스를 누를 때마다 아내의 마음이 나타났다.

지금은 새벽 2시 20분. 그가 코 고는 소리가 여기까지 들릴 정도다. 회사에서 받는 스트레스가 상당한 모양이다. 전에 없던 잠버릇까지 생겼다. 이를 갈면서 잠꼬대까지 한다. 그가 불쌍하다. 그를 보는 나도 불쌍하기는 마찬가지다. 화가 난다. 집에서는 한 끼도 먹지 않는 것 같다. 아침을 거르면 큰일 나는 줄 알던 사람이. 이렇게 잘 견디는 사람이 나에게는 왜 그리 불평을 늘어놓았지? 아침을 거르지 않게 할 방법이 없을까? 준비를 해놓고 갈까?

왜 몰랐을까? 위는 정말 자신의 무심함이 부끄러웠다. 아침에 컴퓨터가 켜져 있었던 것도 이상했고 몇 주 동안 치우지 않은 집에 먼지가 쌓이지 않는 것도 이상했었다. 그것은 아내가 그에게 보낸 용서와 구원의 메시지였다.

끊임없이 상처만 주던 그를, 아내는 미워한 적이 없었다. 오히려 그를 위해 우렁 각시가 되어주었다. 그렇게 '주는 것'에 익숙한 아내를 위해 작은 배려 한번 해준 적이 없었던 것 같다. 아내의 헌신을 당연하게 여기고 희생만을 강요해온 사람이 바로, 위 자신이었다.

또 다른 글.

경주는 참 좋았다. 그가 사과를 했다. 진심이라는 걸 알았다. 나를

배려

감동시킨 것이 얼마만인가. 불쌍하다. 마음 같아서는 그를 꼭 끌어안고 위로해주고 싶었다. 하지만 아직은 우리 모두 부족한 것 같다. 별것 아닌 전화 한 통에 분위기가 깨졌다. 자존심이 뭔지. 내가 먼저 두 손을 내밀고 싶지는 않았나 보다. 그가 상처를 받았으면 어쩌지? 나도 내가 왜 그랬는지 잘 모르겠다. 다음에는 내가 먼저 손을 내밀어야겠다.

위는 의자 밑으로 털썩 주저앉았다. 그 몇 달 동안, 아내는 그의 곁을 떠난 것이 아니었다. 줄곧 그의 곁에 함께 있었다. 언제라도 용서해주려고 준비를 하고 있었다.

'배려는 만기가 정해지지 않은 저축과도 같은 거야.'

막내에게 했던 말이 생각난다. 후배에게 한 수 가르쳐주던 자신의 모습이 한심스럽다. '배려의 여신'이 곁에 있는 것도 몰랐던 주제에.

아내는 파랑새인지도 모른다. 언제나 옆에 있지만 눈을 크게 뜨지 않으면 보이지 않는 파랑새.

다시는 파랑새를 놓치고 싶지 않다. 두 번 다시 후회와 번민의 나날을 반복하고 싶지는 않다. 품에 들어온 파랑새를 있는 힘껏 안아주고 싶다.

위는 벌떡 일어나 외투를 집어들었다. 현관문을 열고 밖으로 나오자 겨울의 마지막 추위가 달려들었다. 난간에서 주차장을 내려다보니 예감대로였다. 아내가 잠든 아이를 등에 업은 채 차 트렁크에서 힘겹게 짐을 꺼내는 것이 보였다.

위는 엘리베이터를 뒤로하고, 결승에 오른 단거리 육상선수처럼 힘차게 계단을 뛰어내려가기 시작했다.

단단한 돌이나 쇠는 높은 곳에서 떨어지면 깨지기 쉽다.

그러나 물은 아무리 높은 곳에서 떨어져도 깨지는 법이 없다.

물은 모든 것에 대해서 부드럽고 연한 까닭이다.

저 골짜기에 흐르는 물을 보라.

그의 앞에 있는 모든 장애물에 대해서

스스로 굽히고 적응함으로써 줄기차게 흘러,

드디어 바다에 이른다.

『논어』